説教したがる男たち

レベッカ・ソルニット　ハーン小路恭子 訳

左右社

Men Explain Things to Me

REBECCA SOLNIT

説教したがる男たち

説教したがる男たち　目次

祖母たちに、平等主義者たちに、夢見る者たちに、理解のある男性たちに、
歩み続ける若き女性たちに、道を開いた年上の女性たちに、終わらない対話に、
そして二〇一四年一月生まれのエラ・モスコヴィッツが
存分に生きおおせるような世界に。

1 説教したがる男たち

アスペン山麓で開かれたそのパーティーに、なぜわざわざサリーと私が出かけることになったのか、いまでもわからない。参加者たちはみな年配で、おそろしく退屈な人たちだった。その中では四十絡みの私たちでさえ「お嬢さん」で通った。その屋敷はまあ立派なものだった——ラルフローレンのシャレー・スタイル[▼1]が好きならばの話だが。高度二七四〇メートルに位置する、ひなびてはいるが豪奢な丸太造りの家で、ヘラジカの枝角やら、たくさんのキリム織りの絨毯やら、薪ストーブやらがそろっていた。私たちが帰ろうとしていると、その家の主人が言った。「いやいや、もう少しゆっくりしていきなさい。まだ君たちとは碌《ろく》に話していないじゃないか」。威圧的な感じの、大金持ちの男だった。

ほかの客たちが夏の夜の戸外へとそぞろ歩いていく中、私たちは待たされた。それから、ざらざらした風合いを残した天然木のテーブルに促され席につくと、男はこういった。

「それで？　君は二冊ほど本を出してるそうだが」

「ええと、あと何冊かはあるんですが」と私は答えた。

友人の七歳の娘にフルートのレッスンについてしゃべらせるときのような調子で彼はいった。「で、何について書いてるの？」

当時六、七冊は出ていた著作は内容的にばらばらだった。そこで私は二〇〇三年のその夏の日の時点では最新作だった、『影の河　エドワード・マイブリッジとテクノロジーの西部』に話を絞ることにした。時空間の消滅と日常生活の産業化についての本だ。

マイブリッジの名前を出すや、彼は私を遮った。「今年出たばかりのマイブリッジ関連のとても重要《インポータント》な本を知ってるかね」。

無邪気な娘役を演じることに夢中になっていた私は、自分の本と同じ主題の本がその年に出ていたのに見落としていた、と危うく信じかけた。男はすでにそのとてもインポータントな本とやらについて、ああだこうだとまくし立てていた——その表情にはすごく既視感があった——はるか彼方までおよぶ自分の権威、そのぼんやりと霞む地平線をじっと見つめながら滔々《とうとう》と長話をする男の、自己満足しきった表情。

念のためにいっておくと、私のまわりはこんな男ばかりではない。若い頃からずっと私の話を聞き、激励し、著作を出版してくれた編集者たち。どこまでも寛容な弟。そしてペレン先生のチョーサーの授業で聞いて以来忘れられない『カンタベリー物語』の学僧のように、「学び教えることを惜しまない」すばらしい友人たち。といっても、碌でもないのもまたいるわけだ。ミスター・インポータント氏が、私が当然知っているべき件の本について自慢げに語っていると、サリーが「それ、彼女の本ですけど」と割って入った。というか、とにかく男を黙らせようとした。

だが彼は聞いちゃいなかった。「だからそれ、彼女の本ですって」とサリーが三、四度繰り返したところで、ようやく彼は理解した。そして十九世紀小説の登場人物かなにかのように青ざめた。とても重要な本（といっても実際には読んでもいなくて、二、三か月前にニューヨークタイムズの書評欄で見ただけだったに違いないけど）その本の著者が私だったという事実は、彼の「物事が整然と分類された世界」をめちゃめちゃにしてしまったらしい。彼はショックで口も利けないほどだった――もっとも、少しするとまた長話を始めたが。女としての礼節を守り、彼の耳が届かないあたりまで離れたところで、私たちは吹き出した。いま思い出してもおかしくてしょうがない。

私はこういう出来事が好きだ。例えて言うなら、ふだんはあまりに隠微で、見やぶることもできないような力が草の陰から這いずり出てきて、牛を飲み込んだアナコンダか、絨毯の上の象の糞みたいに唐突に目の前に姿を見せる、そんな瞬間だ。

エスカレートする沈黙の強要

そう、なにかのイベントに現れては見当違いな話や陰謀論をまくし立てる人間は、男女の別にかかわらず存在する。それとは別に、徹底して無知でありながら、完璧で挑戦的なまでの自信に満ちた態度というのは、私の経験では、特定のジェンダーと結びついている。男たちは私に、そして他の女たちに、説教したがる。自分が何を言っているのかよくわかっていなくても。そういう男は存在する。

女性なら覚えがあるだろう。どんな分野でも、ある先入観のせいで物事がうまく運ばないことがある。どんなに頑張っても、話すことも、自分の言うことを聞いてもらおうとすることも、ままならない。ストリートで起きるハラスメントと同じように、ここは女の居場所ではないと教えることで、若い女性たちの意思を打ち砕き、沈黙に落とし入れる、あの先入観。私たちは自分を疑うようになり、自己の限界を思い知らされ、一方で、男たちの根拠のない自信過剰を助長する。

二〇〇一年以降の米国政治の流れが、例えばかなり初期段階からアルカイダについて警告を発していたFBIのコリーン・ロウリーに人々が耳を傾けなかったことに部分的には起因しているとしても、不思議はない。そしてその流れは確実にブッシュ政権が形づくったものだ。あの政権に対してはうかつにものを言えない空気があった。イラクはアルカイダとも大量殺戮兵器とも無関係だということも、あの戦争が「楽勝」になど到底なりえないことも、何ひとつ言えなかった[2]（男性の専門家ですら、要塞のように聳え立つ政権の独善性を切り崩すことはできなかった）。

あの戦争の原因の一端は傲慢さにあったのかもしれない。だが自分の意見に価値がないと思わされてしまうこの症候は、ほぼすべての女性が日々経験する戦争だ。それは女性の内面で起きる戦争でもある。自分がいなくてもいい存在だと思い込み、沈黙に追い込まれてしまうこと。（多くのリサーチをし、正確に事実に基づいて書くことによって）作家としてそれなりのキャリアを築いてきた私も、その戦争から完全に自由になることはできなかった。結局のところ、ミスター・インポータント氏とその過大な自信によって自分の確かな感覚が揺らがされるような瞬間を、私はみすみす用意してしまったわけだから。

私が女性としては例外的に、考え、話す権利を保証されてきたことはそのとおりだ。それに、ある程度の自己懐疑は、我が身をふり返り、理解し、人の話を聞き、自分が進歩するためのよき手段になるということも学んできた――もちろん自己懐疑が行き過ぎると何も考えられなくなるし、自信過剰は傲慢なバカを生むだけだ。このジェンダー化された極の間のどこかに幸福な中間地点が、ギブとテイクの関係に基づく暖かな赤道地帯があるはずで、私たちはみなそこで出会うべきなのだ。

もっと極端なケースもある。例えば女性の証言が法的な正当性を持たない中東各国では、女性は男性の目撃者がいなければ、自分がレイプされたと証言することすらできない。

信じてもらうということは、基本的なサバイバル・ツールだ。まだずっと若くて、フェミニズムとは一体何で、なぜそれが必要なのかようやくわかりはじめた頃のこと。私は核物理学者をおじに持つボーイフレンドとつき合っていた。ある年のクリスマスにこのおじは、爆弾屋たちが住む郊外のコミュニティで、近所のある女性が真夜中に、夫に殺される、と叫びながら裸で外に出てきたという話をして聞かせた。まるで当たり障りのない笑い話のような語り口だった。どうして、と私は尋ねた。その人が奥さんを殺そうとしてたわけじゃないってわかったんですか？　おじは、噛んで含めるように説明した。いいかい、彼らは尊敬すべきミドルクラスの人間だ。だから、奥さんが家から飛び出して夫に殺される、とわめきちらしたからといって、夫が彼女を殺そうとしていることの信頼に足る証拠にはならない。一方、あの女の頭がいかれてるってことはだね……。

接近禁止命令——これも比較的新しい法的手段だ——を得るのだって、まずは信じてもらわなければいけない。それなしでは、ある男が危険な存在だと法廷に認めさせることも、警察に命令を執行させることもできない。そして接近禁止命令は、いずれにしろ機能しないことが多い。暴力は人々を沈黙させる。それは人の語る権利や信頼性を否定するための手段だ。暴力をふるうことは、他人の生きる権利より自分のコントロールする権利が大事だ、と主張するのも同然だ。この国では一日に約三人の女性が、配偶者か元配偶者によって殺されている。そうした殺人は、合衆国の妊婦の主要な死因のひとつだ。レイプやデートレイプ、婚姻関係におけるレイプ、ドメスティック・バイオレンスと職場でのセクシュアル・ハラスメントが犯罪にあたることを法制化しようとしてきたフェミニズムの闘争の根底には、女性が信頼性と語るための声を得ることが必要だ、という認識があった。

私の感覚では、女性が人間としての地位を得たのは自分が生まれてずっと後の一九七〇年代半ば、こうした男性の行為が深刻に受け止められるようになり、女性たちを押しとどめ、殺そうとする大きな力が法的な言語で語られるようになってからのことだ。職場での性的な脅迫は生死にかかわる問題ではないと言いたい人たちは思い出すといい。当時二十歳だった海兵隊上等兵のマリア・ローターバックが上官にあたる男によって殺害されたことを。マリアは、彼にレイプされたと証言しようとしていたところだった。男の自宅の裏庭の焼却炉で、妊娠していた彼女の焼け焦げた遺体の一部が見つかった。

男は自分が何を言っているのかわかっていて、女はそうでない。そう断定的に教えられることは、たとえどんなにささいな会話の一部であっても、この世界の醜さを永続させ、光を奪ってしまう。二〇〇〇年に『ウォークス　歩くことの精神史』が出版されてからは、私自身の認識と解釈のせいで痛い目に遭うということには歯止めをかけられるようになった気がする。その時期に二度、ある男がしたことに抗議したことがあった。男の返答はこうだった。君が言ったようなことは何ひとつ起こっていない。君は自己中心的で、思い込みが激しくて、錯乱していて、不正直で、要は女にありがちな性格だ。

それまでの私だったら、自分が悪いと思い、引き下がろうとしただろう。歴史の書き手としての公的な評価を得たことで、私は地に足をつけて立てるようになった。でもそんなふうに勇気づけられる経験をする女性はそう多くない。七十億人もの人間が住むこの惑星で、何億もの女性はいまだにこう教えられている。お前たちは自分の命にかかわることすら信頼性をもって証言できないし、真実はいまも昔もこれからも、お前たちには手に入らない、と。これは「説教したがる男たち」の範囲を超える問題だが、それでも同じ傲慢さの一部なのだ。

男たちは私に説明／説教したがる。そう、いまでも。そしてどの男も、私が知っていてむこうが知らない事柄について的外れな御説をぶっても、謝罪してくれたことはなかった。これまでは。もっとも保険危険率の計算表によると私はあと四十年かそこらは生きるらしいので、今後そんなことが起こらないとも限らない。期待して待っていたりはしないけど。

ふたつの前線で戦う女たち

アスペンのバカ男の一件から数年後、講演のためにベルリンにいて、マルクス主義の作家タリク・アリにディナーに招かれた。そこには男性作家／通訳者がひとりと、私より少し若い女性三人がいた。女たちは遠慮がちで、ディナーの間中ほぼ黙りこくっていた。タリクはすばらしかった。一方、通訳の男は私が適度に会話に参加しようとしたのが気に食わないようにも見えた。一九六一年に設立され、重要な活動をしながらほぼ無名の反核・反戦グループ、ウィメン・ストライク・ピース（WSP）について私が話していて、グループが赤狩りの主体だった下院非米活動委員会（HUAC）を解散に追い込むのに一役買ったことに触れると、このミスター・インポータント氏二号はあざけるように言った。HUACは一九六〇年代初頭までにはほぼ有名無実になっていた。第一、女性のグループがその解散にかかわったなんてありえない。男は激しい軽蔑をにじませ、攻撃的なまでに自信たっぷりだったので、反論しても無駄どころか、よけいに侮辱されそうだった。

そのころ私は九冊の本を出していたと思う。そのうちの一冊は、ウィメン・ストライク・ピースに関する一次資料と主要メンバーへのインタビューで構成された本だった。それでも説教したがる男たちにしたら、猥褻な受胎のメタファーかなにかで言えば、私は男たちの英知と見識によって満たされるべき空っぽの容器にすぎなかった。フロイト派の精神分析家なら、自分たちにはあって私にはない事柄を知っている、とでも言うのだろうが、知性とは股の間に存在するものじゃない。女性たちが隠微な形で屈従を強いられることを論じたヴァージニア・ウルフの長く甘美で音楽的な一節を雪の上にちんちんで書くことだって、まあやってやれないこともないかもしれないけど。ホテルの部屋に戻って少しオンラインで調べてみると、エリック・ベントリー[3]が、下院非米活動委員会の歴史についての権威ある証言の中で、ウィメン・ストライク・ピースの功績を称えているのを見つけた。WSPは「HUACというバスティーユ監獄の陥落に決定的な一撃《ストライク》を与えた」。一九六〇年代初頭のことだ。

そこで私はネイション誌に掲載されたエッセイ（ジェイン・ジェイコブズ、べティ・フリーダンとレイチェル・カーソン[4]についてのものだった）の冒頭に、このやりとりのことを書いた。ひとつには、説教したがりの中でも一際たちの悪いこの男に言ってやりたかったからだ。あんた、もしこれを読んでたら言わせてもらうけどね、あんたは人間存在の面汚しで、文明の発展に対する障害物だよ。恥を知れ、と。

　説教したがる男たちとの戦いに苦しんできたのは、私の世代の女性たちだけでない。今後を担うことになる若い世代の女性たちもだ。ここ米国だけでなく、パキスタンでも、ボリビアでも、ジャワ島でも。もちろんラボにも図書館にも入れず、会話にも革命にも、人間のカテゴリーにも加わることも許されなかった上の世代の女性たちも苦しんで来た。

　考えてみるとウィメン・ストライク・ピースを創設したのは、一九五〇年代の反核運動では発言権も意思決定の役割も与えられず、ひたすらコーヒーを淹れ、タイプしてばかりいることに嫌気がさした女性たちだった。女性たちはほぼみな、ふたつの前線で戦っている。ひとつはなにか特定のトピックをめぐる戦いだが、もうひとつはもっとシンプルなものだ。声を上げ、思想を持ち、事実と真実に基づいて語っていることを認めてもらい、価値観を持つ。要は、人間らしく生きるための戦い。かつてよりだいぶましになったが、私が生きているうちにこの戦いが終わることはないだろう。私もまだ戦っている。もちろん自分のために。そしてなにか言いたいことがあって、実際にそれが言える日が来ることを願っているすべての若い女性のために。

後日譚

二〇〇八年三月のある晩のディナーの席でのことだ。「説教したがる男たち」というエッセイを書こうと思っていると、私は冗談まじりにいった。それまでもしょっちゅう、食事しながら本のアイデアをネタにすることはあった。作家というのは、実現には至らないまでもたくさんのアイデアを温めているものだ。レーストラックに出るところまで行かない競走馬が、厩舎でずらっとスタンバイしているみたいに。だから気が向くと暇つぶしがてら、このまだポニーのようなアイデアを走らせていた。そのときうちに来ていた、優秀な理論家で活動家のマリーナ・シトリン[5]は、絶対に書くべきよ、妹のサムにぜひ読ませたいから、と言ってくれた。若い女性こそ、軽く扱われるのは自分が知らず知らず失敗を犯したせいじゃないんだって知るべきよ。退屈な昔ながらのジェンダー間の対立ってやつね。女ならだいたいどこかの時点で経験済みの。

次の日の早朝、私は机に向かい、一気にエッセイを書き上げた。そんなに早く何かが書きあがるときはすぐわかる。頭の隅のどこか見えないところで、内容はもうできあがっていたのだ。書いて、とそのネタは訴えかけていた。トラックに出たくてうずうずしていた。コンピュータの前に座ると、それはギャロップで駆け出した。その頃マリーナは私より起きてくるのが遅かったから、私はエッセイを朝食代わりに出して、その日のうちにトムディスパッチ▼6のトム・エングルハートにも送った。トムはすかさずオンライン記事として公開した。トムのサイトに載るものはみなそうだが、記事はあっという間に拡散し、時間が経ってもとどまることを知らずに再掲され、シェアされ、コメントがついた。自分の作品があんなに広く読まれたことは、それまでなかった。

何か人々の琴線に触れるものがあったのだろう。それと逆鱗にも。

女に説教するっていうのはそれほどジェンダーと関係のある現象じゃない、と男たちがいう。するとたいてい女性たちはこう指摘した。女たちが身に起こったって証言しているのに、それを否定する権利にこだわる、それ自体が説教するっていうことなのよ。記事に書いてあるでしょう（念のために言っておくが、男たちにえらそうに説教する女だってもちろんいると思う。でもそれは、男女間の巨大な権力格差を示しているわけではない。いずれもっとひどいことにつながるわけでもないし、私たちの社会でジェンダーがどのように機能するかについての指標にもならない）。

逆上せずに内容を理解してくれた男性たちもいた。結局のところこの記事は、男性のフェミニストたちが意義深い活動をするようになった時代の産物だし、フェミニズムがこれほど笑いのセンスを持った時代もないと思う。もちろん、その面白さをわかってくれる人ばかりではない。二〇〇八年、トムディスパッチ宛てに、インディアナポリス在住の年配の男性がメールを送ってきた。「私生活でも職場でも、一度たりとも女性を軽んじるような真似をしたことはない」と男は言い、「もっとふつうの男」とつき合えばとか、「もうちょっと下調べして書け」とか説教してきた。そのあとは人生相談きどりで、私が「劣等感」に苛まれているというコメントまでくれた。この男によると、上から目線でものを言われるかどうかはその女性次第なので、結局悪いのは私らしい。

「アカデミア版説教したがる男たち」というウェブサイトが立ちあがり、大学で働く何百人もの女性たちが、えらそうな態度を取られたり、過小評価されたり、会話にいれてもらえなかったり、その他いろんな経験を寄せ合った。エッセイが公開された直後に「マンスプレイニング」(mansplaining)という語も使われ出した。私が考え出した語だと言われることもあるが、実はまったくかかわっていない。エッセイと、それを具現化したような男たちがインスピレーションになっているのは確かだが(個人的にはどうもしっくりこない語なので、自分で使うことはあまりない。「マンスプレイニング」だと、説教したがるのは男の内在的な欠陥だと強調しているような感じがする。私が言いたいのはあくまで、説明できもしないことをしたがったり、人の話を聞かない男たちもいる、ということ。記事の中では明確に書いていなかったかもしれないが、興味はあるけどよく知らない事柄をだれかに説明してもらうのは好きだ。でもこちらがよく知っていて、むこうが何ひとつ知らないことについて説教されても、まともな会話にならない)。「マンスプレイニング」はニューヨークタイムズの二〇一〇年度の「今年の言葉」に選出され、二〇一二年までには、メインストリームの政治紙でも使われるようになった。

悲しいかなそれもこれも、エッセイの主旨が時勢にぴったり合っていたからだ。二〇一二年の八月に、トムディスパッチは記事を再掲した。思いがけずほぼ同時期に、ミズーリ州のトッド・エイキン下院議員が悪名高い発言をした。レイプされた女性に中絶措置は必要ない、という例のあれだ。「もしそれが法律上の強姦であれば、女性の身体は本能的に妊娠しないようとりはからうはずだ」と。あの選挙の頃は保守派の男性たちが、狂ったようなレイプ容認発言や、事実ですらない言葉を繰り返していた。他方フェミニストたちは、なぜフェミニズムが必要で、こういう男たちのどこが危険なのかについて語っていた。その対話の一部になれたのはすばらしいことだった。エッセイは大きなリバイバルを遂げた。

琴線と、逆鱗と。こうして書いている間にもエッセイは読まれている。自分が人一倍抑圧されている、と言いたくて書いたのではない。男たちとの間にあったあの会話が、とるに足らないように見えても実は重大なことにつながっている、と言いたかっただけなのだ。なんでもない会話のその先には、男性にのみ開かれた空間が広がっている。言葉を発し、話を聞いてもらい、権利を持ち、社会に参加し、尊敬を受け、完全で自由な人間として生きられるような空間。そこには女性は入れない。かしこまった言葉で言えば、これが権力が行使される一形態だ。同じ権力が、罵倒することによって、物理的な脅迫や暴力によって、また往々にして世界の構造そのものによって、女性を沈黙させ、存在を消し去り、無力にする。そのとき女たちは、平等でもなく、社会参加もできず、権利を備えた人間でもなければ、生きた存在ですらない。

生存と自由への権利を持った人間として扱われ、文化的、政治的な舞台に進出することを求める女性の戦いは、いまも続いている。ときにそれはひどく暗澹たる戦いだ。笑える出来事にはじまってレイプと殺人で終わるエッセイを書いたことに、私自身驚いたものだ。でもおかげで、ささやかな社会的悲劇と、暴力的に沈黙を強いる行為、暴力が招く死はつながっているということが明瞭になった（レイプや殺人、オンラインや家庭や職場や道端で起きるハラスメントや脅迫を、ドメスティック・バイオレンスと切り離して考えるよりも、権力が行使される局面の総体としてとらえた方が、女性嫌悪《ミソジニー》や女性に対する暴力をうまく理解できるはずだ。並べてみると、そこには明らかなパターンがある）。

行きたい場所に行き、言いたいことを言うのは、生存のための、尊厳と自由のための基本的な権利だ。ときに暴力的な形で沈黙させられてきた経験の末に自分の声を持てたこと、声を持たない者たちの権利のために尽くしていけることに、私は感謝している。

訳注

▼**1**——ラルフローレン・ホーム部門、「モダン・シャレー・コレクション」の洗練されたインテリア様式を指す。シャレーは「山小屋」の意。暖かみのある木材やネイティブ・アメリカン調のファブリックを用いながら、モノトーンやグレー、ベージュを基調にしたシックなスタイルが特徴。

▼**2**——米国の外交官ケネス・エーデルマンがワシントンポストに寄稿した、イラク戦争がたやすく「楽勝」（原文は"cakewalk"）に終わることを予測する記事から。

▼**3**——エリック・ベントリー（Eric Bentley）は英国生まれで米国に移住した批評家、劇作家。ソルニットの引用は、ＨＵＡＣの活動に関する著名人の証言をベントリーが詳細に記録した*Thirty Years of Treason*（1971）から。

▼**4**——ジェイコブズは都市論で有名な作家・ジャーナリスト。フリーダンはフェミニズム活動家の先駆者。カーソンは『沈黙の春』（一九六二）で知られる海洋生物学者。いずれも一九六〇年代前半から文筆と社会活動において大きな功績を残した女性たちである。

▼**5**——シトリンは「ウォール街を占拠せよ」の主要メンバーであり、作家、活動家。

▼**6**——トムディスパッチ（TomDispatch）は作家・編集者のエングルハートによって創設され、ソルニットを含む多くの作家が寄稿するオンライン・ブログ。

2　長すぎる戦い

ここ合衆国では報告されているだけでも六・二分間に一度レイプが起き、五人にひとりの女性がレイプされた経験を持つ。それでも二〇一二年十二月十六日に、ニューデリーのバスの車中で若い女性がレイプされ、残虐な方法で殺された事件は、この国では例外的な事件として扱われた。ちょうどその頃、オハイオ州ステューベンヴィル高校のフットボールチームの複数のメンバーが、意識を失ったティーンエイジャーに性的暴行を加えた事件について、徐々に明らかになってきていたところ[▼1]だったし、そもそも米国でも集団レイプはたいしてめずらしいものではないのに。ひとつ選ぶならどれ？　テキサス州クリーブランドで十一歳の少女を集団レイプした二十人の男のうち数人が、ニューデリーの事件の直前に有罪判決を受けた。カリフォルニア州リッチモンドでの、十六歳の少女の集団レイプの実行犯も、同じ二〇一二年の秋に有罪を宣告されている。同じ年の四月には、ニューオーリンズで十五歳を集団レイプした四人の男が有罪、一方同じ年にシカゴで十四歳を集団レイプした六人の男はまだ捕まっていない。別にわざわざ似たような事件ばかり追いかけているわけではないが、ニュースはレイプ事件だらけだ。だがだれもその総数を数え上げたりしないし、実はそこには何らかのパターンがある、なんてことも言わない。

しかしそこにはれっきとした女性に対する暴力のパターンが存在する。明白で、極端で、おそろしい、だが常に見逃されているパターンが。折にふれてセレブリティがらみの事件や、ある特定の事件の背筋も凍るような細部がメディアで注目を集めることはあるが、そうしたケースはあくまで特殊なものとして扱われる。この国でも、ほかの国でも、北極を含むありとあらゆる大陸で、女性に対する暴力事件は続けざまに山ほど起きていて、特殊なニュースの背景をなしているというのに。

集団であることよりバスの車中でのレイプを問題にしたいなら、同じ年の十一月にロサンゼルスのバスの車中で、発達障害の女性がレイプされた事件があった。カリフォルニア州オークランドの地方鉄道の車中で、自閉症の十六歳が誘拐された事件もあった。その冬の二日間にわたり、被害者は犯人によって何度もレイプされていた。それから最近では、メキシコ・シティのバスの車中で複数の女性が集団レイプされた事件もあった。これを書いている間も、インドのバスの車中から女性が誘拐され、運転手とその五人の友人に一晩中レイプされた事件の速報が流れてきた。ニューデリーの事件を知って、これはすごいと興奮したわけか。

この国も全地球も、女性に対するレイプと暴力であふれているが、だれもそれを市民権や人権の問題として扱わないし、危機とみなすどころか同一のパターンがあることすら気づかない。暴力の当事者になるのに、人種も階級も宗教も国籍も関係ない。でもジェンダーだけは別だ。

ひとつだけ言っておこう。ほとんどすべての性犯罪の加害者は男性だが、すべての男が暴力的だというわけじゃない。多くの男性は違う。それに男性が、しばしば別の男性の暴力の被害者になることだってもちろんあるし、どんな暴力的な殺人や暴行だってひどいものだ。女性がパートナー間暴力の加害者になることもありえるし、実際にそうしたケースもあるが、最近の研究によれば、女性による暴力が深刻な傷害を与えることはそれほど多くはなく、死に至るケースはまれだ。女性がパートナーの男性を殺害するのはしばしば正当防衛によるものである一方、親密な間柄で起こる暴力によって病院送りか墓場送りにされる女性は山ほどいる。

だがいま私が問題にしているのは、親密な関係であれ、赤の他人であれ、男性による女性に対する暴力が世界中で猛威をふるっていることだ。

ジェンダーについて語らないときに我々の語らないこと

とにかくありふれた話なのだ。二〇一二年九月、マンハッタンのセントラル・パークで七十二歳の女性が暴行を受けレイプされた。もっと最近だとルイジアナ州で四歳児と八十三歳がレイプされた事件。もしくは二〇一二年十月にニューヨーク市警の警官が逮捕された件。その警官は女性を誘拐し、レイプし、料理して食べる綿密な計画を立てていた。個人的な恨みとは無関係に、女ならだれでもよかったらしい（といっても、十一月に実際に妻を殺して料理したサンディエゴの男に触発されたのかもしれない。あるいは二〇〇五年にガールフレンドを殺し、バラバラにして料理したニューオーリンズの男か）。

これらはすべて特殊な犯罪だが、日々起きている暴行にも目を向けてみよう。なぜならこの国では、報告されている限りでは六・二分間に一度レイプが起きているが、報告されていない分まで含めたら、おそらくその五倍はあるだろうから。つまり、合衆国ではほぼ一分間に一度の割合でレイプが起きていることになる。ということは、数千万にのぼるレイプの被害者がいるということだ。あなたが個人的に知っている女性のうち、驚くほど多くの人がレイプ被害のサバイバーだ、と言っても過言ではない。

高校や大学のアスリートによるレイプや、大学構内で起きるレイプはどうだろう。大学当局は多くの場合、気味が悪いほど無関心な対応を示している。ステューベンヴィル高校もそうだし、ノートルダム大学に、アマースト・カレッジ、名前を挙げればきりがない。米軍内で蔓延しているレイプや、性的暴行や、セクシュアル・ハラスメントはどうか。レオン・パネッタ国防長官の概算では、二〇一〇年だけでも一万九千件もの同僚の兵士を標的にした性的暴行事件があり、大多数の加害者は処罰を免れている。ただしこの年の九月には、准将ジェフリー・シンクレアが、「無数の女性に対する性犯罪」で処罰されてはいる。

職場での暴力はさておき、家庭ではどうだろうか。あまりに多くの男がパートナーや元パートナーを殺害しており、その手の殺人事件は一年に優に千件を超える。つまり、三年ごとに九・一一の死者数を上回る数の犠牲者数に達する計算だ。

この種のテロに対する戦争を挑む者などどこにもいないが（別の言い方をすれば、九・一一から二〇一二年までの間に起きたドメスティック・バイオレンスにからむ殺人の犠牲者数は、一万千七百七十六人以上にのぼる。それは九・一一当日の死者と、「テロに対する戦争」で亡くなったすべての兵士の数の合計を上回っている）。この種の犯罪について、それがいかにありふれたものであるかについて語るならば、この社会が、この国が、そしてほぼすべての国が、どれほど深刻に変化を必要としているかについても語らなければならない。そして男性性についても、男性の役割についても、おそらくは家父長制についても語らなければならないはずだが、なぜかそういう話にはならない。

かわりに聞こえてくるのは、一週間に十二人の男性が、殺人を犯した末に自殺しているという話だ。不況のせいだというが、景気がよくたって同じことは起きる。もしくはインドの男たちがバスの乗客を殺した動機は貧困層の富裕層に対する怒りだったとか、他のインド国内で起きたレイプは逆に、富裕層が貧困層を搾取した結果だとかいう話。定番の説明は、加害者が精神的に問題を抱えていたとか、酩酊状態にあったというやつ——体育会系なら、頭部外傷。一番最近だと、鉛中毒を暴力に関連づけるというのもある。男女どちらも中毒になりうるのに、ほとんどの暴力の加害者が男性なのはどうしたことだろう。暴力が蔓延する原因として出てくるのはいつも、ジェンダー以外のなにかだ。ジェンダーこそが、もっとも広範なパターンを説明するものであるはずなのに。

米国で起きる大量殺人の犯人には白人男性が多いという論文があった。コメンテーターたち（ほとんどが否定派）は、白人というところにだけ反応しているようだった。書き方自体はおそろしく無味乾燥だけど、この医学的研究に書いてあるようなことに触れる人自体めったにいない——「胎児の時期の受動喫煙、両親に非社交的な傾向がある、低所得層であるといった事項に加え、男性であることは、暴力的な犯罪行為におよぶリスク要因となることを、複数の研究が示している」。

別に男に意地悪したいわけじゃない。ただ、概して女性は男性にくらべて驚くほど暴力性が少ないことに気づきさえすれば、暴力が一体どこから来るのか、それについて私たちに何ができるのか、もっと生産的に理論化できると思うだけだ。米国の場合、簡単に銃が手に入るということも大きな問題だが、だれにでも銃が手に入るにもかかわらず、殺人犯の九〇%は男性なのだ。

このパターンは火を見るより明らかだ。この問題をグローバルなものとして語ることもできるだろう。カイロのタハリール広場で蔓延していた女性に対する暴行、ハラスメント、そしてレイプ。そのせいでアラブの春が謳いあげた自由は台無しになってしまい、革命家の男性たちは自警団を作って問題に対処しなければならなかったほどだ。あるいは、「イブ・ティージング（路上での性的いやがらせ）」から花嫁の焼殺まで、公共の場でもプライベートな空間でも、インドで幅広く起きている女性の迫害。あるいは、南アジアと中東における「名誉殺人」。あるいは、昨年だけでも推定六十万件のレイプが起き、グローバルなレイプの首都となった南アフリカの事例。あるいは、旧ユーゴスラビアと同じように、マリ、スーダン、そしてコンゴで、レイプが戦時の作戦や「武器」として使われていたこと。あるいは、メキシコ全体で蔓延しているレイプとハラスメント、そして特にチワワ州フアレスで目立って起きている女性の殺害。あるいは、サウジアラビアで女性が基本的権利を与えられず、移民の家政婦に対する無数の性的暴行が起きていること。あるいは、米国でのケースで明らかになったように、ドミニク・ストロス＝カーンやほかの男たちがフランスで刑罰を受けずに逃げのびたこと。そして単純にスペースが足りないので省略するが、英国やカナダやイタリア（元首相が未成年と乱交を繰り広げたことで知られている）、アルゼンチン、オーストラリア、またほかの国々でも、似たような事例がある。

あなたを殺す権利があるのはだれ？

統計データも読み飽きただろうから、二〇一三年一月に、このエッセイについてリサーチしている最中に私の町で起きた事件についてお伝えしよう。同じ時期に地元紙に載った、数多くの男性による女性への暴行事件のうちのひとつだ。

市警スポークスマンの本日の発表によれば、先週月曜の夜、サンフランシスコのテンダーロイン地区で、性的な誘いを拒否した女性が男性に刺された。三十三歳の被害者が通りを歩いていたところ、見知らぬ男性が近づいて誘いをかけてきた、とスポークスマンのアルビー・エスペランサ巡査は語った。被害者が拒否すると男はひどく動揺し、彼女の顔を切りつけ、腕を刺した、とエスペランサ巡査は続けた。

つまり、別の言い方をすればこの男は、自分が選んだ被害者にはいかなる権利も自由も存在せず、自分だけが相手をコントロールし、罰する権利を持つような状況をつくり出した、ということだ。ここで思い出されるのは、暴力とは何よりもまず、独裁主義のようなものだということだ。その前提はこうだ——私には、お前をコントロールする権利がある。

この独裁主義のもっとも極端なヴァージョンが、殺人だ。殺人者は、あなたが生きるか死ぬかの決定権は自分にあると主張する。だれかをコントロールするための究極的な手段だ。あなたが下手《したて》に出ても、状況は同じかもしれない。というのも、コントロールすることへの欲望は、服従的な態度などではやわらげることはできないような怒りに端を発しているからだ。その基底にどんな恐怖や精神的な弱さがあるにしろ、その行動は、権利を持っているという意識からも生じるものだ。他人に苦しみを与え、死にすら追いやってしまえる権利が自分にはあると考えること。それは犯人にとっても被害者にとっても、悲惨な状況を生み出す。

私の町でも、似たようなことは四六時中起きている。若い頃は私も似たような経験をしたし、殺すぞと脅されたり、卑猥な言葉を浴びせかけられたこともあった。欲望を抱えて女に近づく男は、同時にその欲望がはねつけられるかもしれない可能性を思って、あらかじめキレている。怒りと欲望はセットになっていて、それが複雑に絡み合ってつねにエロスをタナトスに、愛を死に変貌させる。ときに死は現実のものとなる。

これこそがコントロールのシステムだ。多くのパートナー間殺人において、勇気をもって別れを決断した女性が殺されるのはこのシステムのせいだ。だから結果として、その関係にとどまらざるを得ない女性もたくさんいる。一月七日のテンダーロイン通りの暴漢や、一月五日にうちの近所であった暴力的なレイプ未遂の犯人、一月十二日に同じく近所で起きたレイプの犯人、一月六日に自分の洗濯物を洗わなかったからといってガールフレンドを焼き殺そうとしたサンフランシスコの男や、二〇一一年の終わりにサンフランシスコで起きたとりわけ暴力的な複数のレイプ事件の犯人で、懲役三百七十年を宣告された男。彼らは例外的な存在だと、あなたは言うかもしれない。でも金持ちだったり有名だったり特権的な地位にある男たちだって、同じことをしている。

二〇一二年九月、在サンフランシスコ日本副領事が、配偶者の虐待と暴行、ならびに凶器の所持で計十二の重罪に問われた。同じ月に同じ町で、メイソン・メイヤー（ヤフーCEOマリッサ・メイヤーの弟）の元ガールフレンドが法廷でこう証言した——「彼は私のイヤリングを引きちぎり、まつげを引き抜き、顔につばを吐いて、どれほど私が愛情に値しないか言い立てました……。私は胎児の恰好で床に伏せていて、動こうとすると彼は両膝で私の脇腹を絞めつけ動けないようにして、ぶってきました」。サンフランシスコ・クロニクル誌の記者ヴィヴィアン・ホーによれば、この女性はこうも証言していた。「メイヤーは彼女の頭を何度も床に打ちつけ、髪の房を引き抜き、生きてこのアパートから出たければ、彼の運転する車に乗ってゴールデン・ゲート・ブリッジに行くしかないと言った。そこで自ら橋から飛び降りるか、彼に突き落とされるか、どちらかしかないと」。メイソン・メイヤーは、執行猶予処分となった。

その前年の夏、妻と別居中だったある男が、接近禁止命令を破ってミルウォーキー郊外にある妻の職場に侵入し、彼女を射殺した――そしてその後さらに、六人の女性を殺害したり負傷させた。だがその年この国では派手な大量殺人事件がたくさん起こっていたので、たった四人の死者しかでなかったこの事件はメディアではおおむね黙殺された（そしてあまり触れられないことだが、合衆国でこの三十年で起きた六十二件の銃乱射事件のうち、女性が犯人だったのはたった一件しかない。というのも、「孤独なガンマン」と言われてみなが思い浮かべるのは孤独な人物と拳銃のことであって、だれもそれが男性であることについては話題にしないからだ。ついでに言うと、銃で射殺される女性のうち実に三分の二は、パートナーか元パートナーの手にかかって亡くなっている）。

「愛なんて関係ないじゃない」とティナ・ターナーは歌ったが[2]、その前夫のアイクはかつてこう語った。「そりゃあいつのことを殴ったさ。でもその辺のふつうの男が女房を殴るのに比べたら、全然大したことなかったぜ」。この国では九秒間に一度の頻度で、女性が殴られている。念のため繰り返すが、九分間じゃなくて、九秒間に一度だ。アメリカの女性の怪我の原因の第一位がこれだ。アメリカ疾病予防管理センターによれば、年間で二百万の負傷者のうち、五十万人以上が治療を必要とし、十四万五千人が負傷当日の入院を余儀なくされている。その後必要になる歯科治療については、耳を塞ぎたくなる人もいるだろうから割愛する。配偶者からの暴力は、合衆国の妊婦の死因の上位にもあがっている。

　この問題について頻繁に発言している数少ない識者のひとり、ニコラス・D・クリストフはこう書いている。「十五歳から四十四歳までの女性が男性の暴力によって亡くなったり障碍を負ったりする確率は、マラリアと戦争と交通事故によるものの合計よりはるかに高い」。

私たちの世界の裂け目

男たちの中には女をコントロールしようとして、レイプや殺人などの暴力そのものや、暴力をふるうと脅してみせることまで、さまざまな集中砲火を浴びせる輩もいる。暴力をふるわれると思うと、多くの女性は自分にブレーキをかけてしまう。あまりにもそうすることに慣れきってしまって、自分でも気づかないほどに。そしてあまりにもありふれたことなので、私たちもほとんどそれを話題にしない。例外もある。去年の夏受け取ったある男性からのメッセージには、とある大学のクラスで学生たちがレイプから身を守るために何をしているか答えたときのことが書いてあった。若い女性たちは、注意力を保つためにやっているあれこれについて述べた。行かない方がいい場所について思いをめぐらせ、慎重になる。要はいつもレイプについて考えているということを語ったのだ（メッセージの書き手によれば、その場にいた若い男たちは、驚きのあまり言葉もなかったという）。男女の世界の裂け目が、突如として可視化された瞬間だった。

だがたいていの場合、これが私たちの話題にのぼることはない――例外はネット上で出回っている「レイプを止める十の方法」[3]なるポスターだ。女ならいやというほど目にしてきたようなことが書かれたものだが、こちらのヴァージョンはひねりが効いていた。例えばこんなアドバイスが書いてある。「ホイッスルを持ち歩きなさい。『誤って』だれかを襲ってしまいそうになったら、その人が助けを呼べるようにホイッスルを渡すこと」。笑えることは笑えるが、同時におそろしいことを言い当ててもいる。こういう状況に対するガイドラインは通常、被害を受ける側にすべての責任を負わせ、暴力をあらかじめ起こっても仕方のないものとして扱っているのだ。大学は女子学生にレイプ犯からの護身術を教えるひまがあったら、もう半分の学生にレイプ犯にならないよう言って聞かせたほうがいい（というか、そうしないことには百害あって一利なしだ）。

性的暴行予告はオンラインでは頻繁に起きているようだ。二〇一一年末に英国のコラムニスト、ローリー・ペニーはこう書いている。

> 意見というのは、ネット上ではミニスカートのようなものだ。それを持っていて見せつけたりすれば、ほぼ全員が男性である不特定多数の攻撃者たちが寄ってたかって、どうやってレイプしてやろうか、殺してやろうか、小便を

かけてやろうかと教えてくれる。今週とくに醜悪な脅迫を山ほど受けた末に、私はそのうちの二、三件をツイッターで公開することにした。驚くほどの反響があった。多くの人は私がそんな憎悪の対象になっていることが信じられないようだったし、自分のハラスメントや脅しや虐待の体験をシェアしはじめた人たちはもっとたくさんいた。

オンラインゲームのコミュニティでは、多くの女性がいやがらせを受けたり、脅迫されたり、追い出されたりしてきた。そのような事例を追ってきたフェミニストメディア批評家のアニタ・サーキーシアンは、仕事に対する支持を得た一方で、あるジャーナリストによれば、「ひどく攻撃的で暴力的な個人的脅迫を受けてもきた」という。「複数のアカウントがハックされそうになったこともあった。オンタリオのある男は、スクリーン上でアニタの顔を殴ることができるオンラインゲームまで作った。パンチを浴びせるごとに彼女の顔に痣や傷が現れるようになっていた」。これらのオンライン・ゲーマーたちと、昨年十月にパキスタンの女性の教育を受ける権利について発言した十四歳のマララ・ユスフザイを殺害しようとしたタリバーンの男たちの間に、本質的な差などない。どちらも声と力を得て社会参加しようとする女性を黙らせ、罰を与えようとしている点では同じなのだ。男の国《マニスタン》へようこそ。

レイプ犯の権利を守る政党

公的か私的か、はたまたオンラインで起きたのか、というだけの問題じゃない。それは私たちの政治的な、そして法的なシステムのうちに組み込まれている。フェミニストたちによる闘争以前には、そうしたシステムはドメスティック・バイオレンスも、セクシュアル・ハラスメントも、ストーキングも、デートレイプも、知人によるレイプも、婚姻関係におけるレイプも存在することを認めなかったし、いまだにレイプのケースでは、しばしば犯人ではなく被害者が裁かれている。まるで完璧な処女でなければレイプされるはずもないし、信頼するにも値しない、とでもいうかのように。

二〇一二年の選挙戦で私たちが学んだように、それは政治家たちの思考と発言にも組み込まれている。去年の夏から秋にかけて、共和党員の男性たちが数えきれないほどの狂ったレイプ擁護発言を繰り返していたことを思い出してほしい。はじまりは、レイプされた女性の身体は妊娠を避けるよう機能するはずだという、トッド・エイキンの悪名高い発言だった。[4] 女性に（レイプ後の中絶という形で）自分自身の身体をコントロールする権利を与えないことを意図して彼はそう言ったのだ。そのあとにはもちろん上院議員候補リチャード・マードックの、レイプによる妊娠は「神の恩寵」だという主張があり、ほどなくして別の共和党の政治家による、エイキンのコメントを声高に擁護する発言が続いた。

幸運なことに、五人のレイプ擁護派の共和党員たちは二〇一二年の選挙戦ですべて敗北した（スティーブン・コルベア[5]が警告しようとしていたように、女性は一九二〇年には参政権を得ていたのだ）。しかし、こいつらのクズのような発言（もしくはそのせいで払うことになった代償）だけが問題なのではない。共和党の国会議員たちは、移民やトランスジェンダー、ネイティブ・アメリカンの女性に保護を与えることに反対して、女性に対する暴力防止法を再可決することを拒否したのだ（多発している犯罪についていえば、ネイティブ・アメリカン女性の三人にひとりがレイプ被害に遭い、そのうち八八％は、部族政府が自分たちを罰することができないと知っている非ネイティブの男性によるものだ。レイプが痴情による犯罪だなんてとんでもない、これは計画的で機に乗じた犯行だ)。

さらに彼らは、中絶だけでなく避妊も含めた女性の性と生殖に関する権利まで骨抜きにしようとしていて、過去十二年間に多くの州でかなりの成功を収めている。「性と生殖に関する権利」とは言うまでもなく、女性が自分の身体をコントロールする権利だ。繰り返すが、女性に対する暴力とは、コントロールにまつわる問題なのだ。

そしてレイプの捜査がしばしばいい加減にしか行われない一方で、この国では四十万個ものレイプ応急処置キットが未使用のまま保管されている——三十一もの州で、被害者を妊娠させたレイプ犯の親権が認められている。そうそう、元副大統領候補のポール・ライアン下院議員(別名R-マニスタン)は、各州に中絶を禁止する権利を与えることはおろか、被害者が中絶した場合にレイプ犯が訴えることすら可能にするような法案を通過させようとしているところだ。

追及できない罪の数々

もちろん女性にだって、ありとあらゆる不快感を人に与えることはできるし、女性による暴力事件もある。でもいわゆる男女の争いは、実際の暴力となると圧倒的に一方的なものになる。国際通貨基金の前専務理事(男性)とは違い、現専務理事(女性)は高級ホテルの従業員を暴行したりはしないだろう。米軍の女性トップ士官たちは、男性士官とは違って、いかなる性的暴行事件も起こしていない。そして若い女性のアスリートたちは、ステューベンヴィルのフットボール選手たちとは違って、意識を失った男性たちに小便をかけてはいないし、彼らを暴行してYouTubeやツイッターで自慢したりはしないのだ。

インドのバスの女性乗客たちは男性を集団で暴行して、死に至るほどの負傷を負わせたりはしていないし、カイロのタハリール広場でも女性の集団が男性を襲ったりはしていない。そして、父親や義父によるレイプが全体の一一%を占める一方、母親によるそれに相当するような件数の事例は報告されていない。合衆国の受刑者の九三・五%は女性ではなく、多くの受刑者がそもそも刑期に値するほどの罪を犯していない可能性はあるにしても、少なくとも暴力事件の犯人は、なにかもっといい対策が生まれるまでは、刑務所にいてもらったほうがいいのかもしれない。

有名な女性のポップ・スターで、男性を家に連れて帰って頭を吹き飛ばした、フィル・スペクターのような者はいない（彼はいまや、誘惑を拒んだラナ・クラークソンをショットガンで撃ち殺したかどで九三・五％の一員となっている）。ドメスティック・バイオレンスで訴えられた女性のアクション映画スターはいない。シンプルに言って、アンジェリーナ・ジョリーは、メル・ギブソンやスティーブ・マックイーンがしたようなことはしていないのだ。そして著名な女性の映画監督で、ロマン・ポランスキーのように「ノー」と言い続けていた十三歳の子どもに薬を盛って暴行した者もいない。

ジョティ・シンを偲んで

一体男らしさに何が起きているのだろう。男性性のイメージがつくりあげられ、特定の性質が称賛され奨励され、そして暴力が少年たちへと受け継がれていくさまについて、私たちは語らなければならない。愛すべきすばらしい男性たちも世の中にはいるし、女性に対する戦争の現在の局面においてもっとも勇気を与えてくれることのひとつは、私が出会った多くの男性たちが問題を理解し、自分たちのこととして考え、日常生活で、オンラインで、そしてこの冬のニューデリーからサンフランシスコに至る行進において、私たちのために立ち上がり、ともに歩んでくれていることだ。

男性たちは、ますますよき同志になってくれつつあるし、過去にも必ず一定数の人たちは味方してくれた。親切さや優しさに、そして共感にジェンダーはない。過去数十年にくらべ、近年ドメスティック・バイオレンスの件数は著しく減少しているし（それでもまだ、驚くほど高い数字だけれど）、多くの男たちが、男性性と権力についての新しいアイデアや理想を生み出そうとしている。

ゲイ男性たちは公的に、何十年にもわたって、伝統的な男性性を再定義し、ときには無力化してきた。そして女性とすばらしい同盟関係を保ってきた。女性の解放はしばしば男性の領域を侵犯し、権力と特権を奪うことを意図した運動として描かれてきたけれど、それはまるで暗澹たるゼロサム・ゲームのようなもので、一度にひとつのジェンダーだけが自由でパワフルになれると言っているようなものだった。でもみんなで自由になるか、みんなで奴隷になるか、ふたつにひとつだ。もちろん他人に勝ち、支配し、罰を与え、至高の存在としてあらねば気が済まないような者の心理はおそろしく、自由とはほど遠い。だが、達成できもしない目標を追い求めるのをやめさえすれば、みんな解放されるのだ。

書いておきたいことはほかにもあるが、一番大事なのはこれだ。人類の半数の生命は、そこら中に蔓延する多種多様な暴力にいまでもつけ狙われ、消耗させられ、ときには奪われることさえもある。生きのびるだけでこんなに大変でなかったら、どれほどの時間とエネルギーをほかの大事なことに使えるか、考えてみてほしい。例えば私が知っているもっともすぐれたジャーナリストのひとりは、夜に近所を歩いて家に帰るのがこわいと言っていた。彼女は遅くまで仕事するのをやめたほうがいいのだろうか？　どれほど多くの女性が、似たような理由で仕事をしなくなったり、していた仕事を中断せざるを得なくなったりしているだろう？　いまや驚くほどの件数のオンラインのハラスメントのせいで、多くの女性ははっきり意見を表明することはおろか、ものを書くこと自体やめてしまっているのだ。

地球上でいまもっとも刺激的な新しい政治運動は、「アイドル・ノー・モア」と呼ばれる、フェミニズムと環境保護の視点に基づくカナダ先住民の権利運動だ。運動が生まれてまもない二〇一二年十二月二十七日、オンタリオ州サンダーベイで先住民の女性が、誘拐され、レイプされ、殴られ、死んだものとしてその場に放置された。犯人たちの発言によれば、それは「アイドル・ノー・モア」に対する報復ということだった。その後彼女は凍りつくような寒さの中を四時間歩き続け、生きのびて自分の物語を語った。彼女を暴行し、また同じことをしてやると脅している輩《やから》は、まだ逮捕されていない。

ニューデリーでレイプされ殺されたジョティ・シンは二十三歳で、他人を助けながら自分も向上させるために物理療法を学んでいた学生だった。彼女と同行の男性（彼は生き残った）に対する暴行は、私たちが百年、千年、いや五千年もの間待ち望んでいた反応を引き出したようだった。世界中の女性にとって――そして男性にとっても――彼女は、アフリカ系アメリカ人と、当時生まれつつあった米国の公民権運動にとってのエメット・ティル（一九五五年に白人至上主義者によって殺された）のような存在なのではないか。[6]

毎年この国では八万七千件を優に超えるレイプが起きていながら、そのひとつひとつは独立した事件としてしか扱われていない。ひとつひとつのレイプは互いにひどく似通っていて、まるでこまかな血しぶきがつながってひとつの大きな血痕をつくっているみたいに見える。だがほとんどだれも個々の事件を結びつけようともしないし、その血痕が何なのか語ろうともしない。インドの人々は語ったのだ。これは市民権の問題、人権問題だと。それは万人にとっての問題で、たがいに無関係な事柄ではないし、今後決して許されることはないと。事態は変わらなければいけない。それを変えるのはあなたであり、私であり、私たちなのだ。

訳注

▼1——二〇一二年にインドのニューデリーで起きた集団強姦事件を指す。被害者の医学実習生の女性は激しい性的暴行を受け、搬送先の病院で死亡した。ステューベンヴィル高校事件は、同年に起きた同様のフットボール部員による十六歳の少女へのレイプ事件を指す。複数の選手が泥酔した少女を強姦し、その様子をソーシャルメディアに投稿した。

▼2——"What's Love Got To Do With It"はティナ・ターナーの一九八四年のヒット曲（邦題は『愛の魔力』）。一九九三年に公開されたターナーの半自伝的映画のタイトルでもある（こちらの邦題は『ＴＩＮＡ ティナ』）。かつてコンビを組んでいた前夫のアイク・ターナーが彼女に暴力を振るっていたことはよく知られている。

▼3——"Ten Tips to End Rape"はネット上でバイラル化したポスターのようなヴィジュアル作品で、通例女性に説かれるレイプ防止策を、潜在的なレイプ犯である男性に向けて書き直したもの。

▼4――トッド・エイキンは共和党の元ミズーリ州下院議員（二〇一三年まで）。レイプや近親相姦のケースも含めた中絶反対論者として知られる。二〇一二年八月のインタビューで「正統な」レイプの被害者である女性が妊娠することはめったにないと発言し、物議をかもした。リチャード・マードックは共和党の元インディアナ州財務官（二〇一四年まで）。同じく中絶反対論者。

▼5――スティーブン・コルベアは風刺性の強いパロディ・ニュース番組のホストとして知られるコメディアン。

▼6――一九五五年、エメット・ティル（当時十四歳）はシカゴから親戚のもとを訪れていたミシシッピー州で、食料品店で働く白人女性に誘惑的な態度をとったとしてリンチされ、殺害された。犯人たちは証拠不十分で無罪となった。事件は市民権運動が飛躍的に高まるきっかけとなり、ティルは現在でもブラック・カルチャーにおける重要な歴史的アイコンだと考えられている。

3 豪奢なスイートルームで衝突する世界

ＩＭＦとグローバルな不正義と電車の中の他人について

あまりにも陳腐なこの物語について、いまさらどうやって語ればいいのだろう。彼女の名はアフリカ。彼の名はフランス。彼は彼女を植民地化し、搾取し、沈黙に追いやり、支配が終わってから何十年もたったあとも、コートジボワールのような場所の問題を解決しようと、尊大な態度をとり続けている。コートジボワールという名前自体、そのアイデンティティとは無関係に、輸出品の名前をとってつけられた名だ。

彼女の名はアジア。彼の名はヨーロッパ。彼女の名は沈黙。彼の名は権力。彼女の名は貧困。彼の名は富。彼女の名は女で、何ひとつ所有していない。彼の名は男で、女も含めこの世のすべては自分のものだと思っていた。相手の意志もこの結果も考慮することなく、女を手に入れることができるはずだと思っていた。

ひどくありふれた話だ。でもここ数十年で、ことの成り行きは少しずつ変わってきている。そしてこのありふれた話の顚末は、今度ばかりは多くの組織を震撼させている。もちろん、なるべくしてそうなったのだ。

先頃起きたこの事件ほど、ありきたりで手垢のついた寓話もないだろう。報道によると、大規模な貧困と経済的不公平さを生み出したグローバル組織、国際通貨基金（ＩＭＦ）の専務理事が、ニューヨーク・シティのホテルの豪奢なスイートルームで、アフリカ移民のメイドを暴行したという。

世界は衝突した。昔だったら彼女の言葉は彼の言葉に比べ、なんの重みももたなかっただろうし、彼を訴えることもできなかっただろう。警察が捜査を続け、パリ行きの飛行機からすんでのところでドミニク・ストロス゠カーンを引きずり出すこともなかっただろう。だが彼女は行動したし、警察も動いた。いまや彼は拘置中の身で、ヨーロッパ経済は打撃を受け、フランス政界はひっくり返り、フランスという国家そのものが混乱し、深い自省を迫られている。

その悪癖について多くの噂や証拠があったのに、彼に最高の地位を与えた男たちは、一体何を考えていたのだろう。罰せられずに逃げられると決めこんだとき、彼は一体何を考えていたのだろう。フランスにいたときと同じように逃げおおせると思ったのだろうか。ようやくいまになって、二〇〇二年に彼に暴行されたと主張する若い女性が彼を訴えたところだ――女性は政治家である母親の助言で一旦は訴訟を思いとどまったらしく、ジャーナリストとしてのキャリアに悪影響が出ることを懸念してもいたという(母親の方はむしろ彼のキャリアについて懸念していたようだが)。

さらにガーディアン紙によれば、一連の報道によって「ハンガリー出身のエコノミスト、ピロスカ・ナギーの主張の正当性が増した。ナギーによれば、彼女がＩＭＦで働いていた期間、専務理事による継続的なハラスメントがあり、二〇〇八年一月のダボスでの世界経済フォーラムの会期中に、彼との性行為に応じざるを得ないところまで追いこまれたという。彼女の専門分野であるガーナ経済について質問をするという名目で、彼は執拗に電話とメールで連絡し続け、やがて性的な言葉を用いて彼女を誘い出すようになった」。

いくつかの記事では、ストロス＝カーンがニューヨークで暴行したとされる女性はガーナ出身とある。別のソースではギニア付近の出身のイスラム教徒だとも。二〇〇一年には、ふだんは控えめなＢＢＣにすら、「ガーナ――ＩＭＦの囚人」という見出しが躍った。そのニュースは、ＩＭＦの政策が稲作農業国家であるガーナの食料安全保障を破壊し、安価な米国産の輸入米の取引を開始させ、国家の大多数を極度の貧困に至らしめたさまを伝えている。トイレを使うことからバケツ一杯の水まで、あらゆるものは金を払って買わなくてはいけない商品と化し、多くの人々は対価を支払うこともできなかった。彼女がＩＭＦの政策によって生じた難民だったとしたら、あまりにも出来すぎた話だろう。他方ギニアは、多量の埋蔵石油の発見によってＩＭＦの管理下を離れたが、極度の政治腐敗と経済的不平等が残る。

グローバル・ノースのヒモになること

「個体発生は系統発生を繰り返す」――かつて進化生物学者が好んで用いた仮説だ。胎芽の時期の個体が発達する際に、種の進化の過程を繰り返すという説もそうだ。この暴行容疑の個体としての発生は、国際通貨基金の組織としての系統発生を繰り返しているのだろうか。結局のところこの組織は第二次大戦末期、アメリカの経済的ヴィジョンを全世界に押しつけた、悪名高いブレトンウッズ会議で設立されたのだから。[1]

ＩＭＦは国々の発展を助けるための融資を目的として創設されたのだが、一九八〇年代までには、自由貿易と自由市場原理主義のイデオロギーを反映した組織に変貌していた。組織は融資を通して、グローバル・サウスの国々の経済や政策に多大な発言権を持つようになった。

ＩＭＦは一九九〇年代を通じて影響力を拡大したが、二十一世紀に入ると、組織が体現する経済政策や、その政策が生み出した経済不況に対する民衆の効果的な抵抗があって、次第に力を失っていった。二〇〇八年にはＩＭＦは金備蓄を売却し、組織目標を刷新する必要に迫られていた。ストロス＝カーンが招き入れられたのは、壊滅的な状況から組織を救済するためだった。

彼女の名はアフリカ。彼の名はＩＭＦ。彼は彼女を略奪されるにまかせ、ヘルスケアもない飢餓状態においた。彼は友人を利するために、彼女に廃棄物を押しつけた。彼女の名はグローバル・サウス。彼の名はワシントン・コンセンサス。[2]だが負けなしだった彼の勢いは衰え、いまや彼女の方が期待の新星だ。

二〇〇一年までにアルゼンチン経済を破壊した経済状況をつくり出したのはＩＭＦであり、過去十年のラテン・アメリカの再起を促したのは、（新自由主義勢力の中でもとりわけ）ＩＭＦに対する反感だった。ウゴ・チャベス[3]のことをどう思おうとかまわないが、アルゼンチンがＩＭＦに対する負債を早期に払い終え、自らのより健全な経済政策を打ち立てることができたのは、石油で潤うベネズエラからの融資があってのことだった。

ＩＭＦは略奪的な勢力だった。開発途上国に門戸を開かせ、富裕な北の国々とトランスナショナルな大企業からの経済攻勢にさらした。いわばヒモのような存在だった。いまでもそうかもしれない。だが一九九九年のシアトルの反大企業デモ以来、グローバルな運動が注目を集め、反ＩＭＦの動きもまた起こっている。そしてその勢力はラテン・アメリカで勝利を収め、今後行われるあらゆる経済的議論の枠組みを変え、経済と可能性に関する私たちの想像力を豊かにしてくれた。

今日、ＩＭＦはめちゃくちゃなことになっている。世界貿易機関はおもに蚊帳の外で、北米自由貿易協定（ＮＡＦＴＡ）は世界中の嫌われ者、米州自由貿易地域は立ち消えとなり（二国間自由貿易協定は継続するが）、世界の多くはここ十年の短期集中コースで、経済政策についてみっちり学んだのだ。

ニューヨークタイムズはこう報道した。「ストロス＝カーン氏の苦境が与えた衝撃が我々の脳裏に深く刻まれる中、学生やジャーナリストから直属の部下たちまで、ニュースメディア関係者も含む数人の人物たちが、長いこと黙っていたか匿名でしか取材を受けなかった事柄について語りはじめ、女癖が悪い、とみなされるような氏の過去の行動や、貪欲に性的関係を求めるさまが明るみに出た」。

つまり彼は、女性にとって居心地が悪く危険な雰囲気をつくり出していたわけだ。例えばそれが小規模の職場だったら話はまた別だろうが、世界の運命のいくらかをコントロールしているような男が、恐怖やみじめさや不正を生み出すことに労力を費やしていたという事実は、私たちの世界のあり方について、そして彼や同類の男たちの行為を見逃してきた国家や組織の価値観について、大事なことを物語っているように思える。

セックス・スキャンダルに関しては近年の合衆国も引けをとらないし、ストロス＝カーンと同じような傲慢さにまみれてもいるが、この国のスキャンダルは少なくとも（私たちが知る限りは）合意に基づいたものだ。ＩＭＦのトップが性的暴行で起訴された。この表現がしっくりこなければ、「性的」は置いておいて、「暴行」や暴力に注目してみればいい。それはほかのだれかを人間として扱うことを拒絶し、もっとも基本的な人権、身体の統合性や自己決定権を否定する行為だ。「人権」（"The Rights of Men"）はフランス革命が生んだもっとも偉大なフレーズだが、そこに女性の権利が含まれているかどうかは、常に疑わしい問題だ。

合衆国にも山ほど欠点はあるが、警察がこの女性を信用したということ、彼女がこれから法廷で語るチャンスを得たことについては、誇りに思う。今回ばかりは、権力を持った男のキャリアと国際機関の運命を、この女性よりも、そして彼女の権利と幸福よりも重視するような国にいなくてよかったと感じている。民主主義とはこういうものだ。すなわち、すべての人間が発言権を持ち、富や権力や人種やジェンダー次第で、罰せられずに逃げおおせるようなことはないということだ。

ストロス＝カーンがホテルのバスルームから女性の前に裸で現れる二日前に、ニューヨーク・シティで大規模なデモがあった。テーマは「ウォール街に償わせろ」で、労働組合員から急進派、失業者まで二万人の人々が一堂に会し、多くの人間の苦境や貧困を生み出し、一握りの人間にいやらしいほどの富を与えているこの国の経済に対する抗議を表明した（よりインパクトのあった二〇一一年九月十七日の「ウォール街を占拠せよ」以前にニューヨーク・シティで起きた経済不正への抗議運動としては、最大のものだった）。

私はデモに参加した。そのあと、ブルックリンに向かう混雑した地下鉄の車内で、三人の仲間のうちで一番若い女性が、ストロス＝カーンほどの年恰好の男に尻を触られた。はじめは単に男がぶつかってきただけだと思ったらしい。それからまもなく、男が尻のふくらみをがっちり掴んでいるのに気づき、彼女は私に話しかけてきた。若い女性がしばしばそうするように、確信が持てない様子で、静かに、自分が考えているようなことは起きていないかもしれないし、起きていたとしてもたいした問題ではないかもしれないけれど、とでも言うかのように。

やがて彼女は男を睨みつけ、やめて、と言った。パリで貧乏暮らしをしていた十七歳の頃を思い出した。おかしな老人に尻を掴まれたことがあったのだ。あれは私のフランス時代のもっともアメリカ的な瞬間だったと思う。当時のフランスときたら、さげすむべき変態がごまんといたのだから。アメリカ的、というのは、そのとき私がグレープフルーツを三つ抱えていたからだ。貧乏時代の私には、高くつく買い物だった。そのグレープフルーツをひとつひとつ、野球のボールを投げるみたいに男にぶつけ、夜の闇の中に彼が消えていくのを見て、私は満足したのだった。

ほかの多くの女性に対する性的暴力と同じく、その男の行為は間違いなく、この世界は私のものではなく、私の権利――お望みなら自由《リベルテ》、平等《エガリテ》、友愛《ソロリテ》とでも言おうか[4]――などというものは重要ではないと、思い知らせようとしていた。といってもやつはフルーツの集中砲火に遭って、尻尾を巻いて逃げ出したけど。ドミニク・ストロス゠カーンだって、正義の裁きを受けるために飛行機から引きずり出された。それでも、正義を求める行進からの帰り道に私の友人が尻を掴まれたことではっきりしたのは、まだまだ課題は山積みだということだった。

貧しき者は飢え、富める者は前言を飲み込む

先週明るみに出たセックス・スキャンダルが喚起したのは、ＩＭＦの貧しい者たちへの蛮行をはじめとして、この世界に存在するもっと大きな関係性は、暴行

の容疑者と被害者の関係だということだ。あの暴行事件は現代の大きな階級闘争の一部であり、その闘争においては、富める者と政府におけるその代理人たちが、私たちその他大勢の犠牲のもとに、自らの保有財産を一層拡大しようとしている。最初に犠牲を払ったのは開発途上にある貧しい国々だったが、いまやそれを払うのは私たちだ。ほかの国を悩ませたのと同じ政策、同じ苦しみが国内に根を下ろし、右翼的な経済を通して、民営化と自由市場と減税の名のもとに、組合や教育システムや環境を、そして貧困層や障碍者や高齢者向けのプログラムを蹂躙している。

二〇〇八年十月の世界食料デーでの、現代でもっとも特筆すべき謝罪声明の中で、ビル・クリントン——彼自身、はるか昔はセックス・スキャンダルを抱えていたが——は、国連に対してこう呼びかけた。

世界銀行も、IMFも、あらゆる巨大組織と国家も、認めないといけないでしょう。三十年にもわたって、我々はみな、というのは大統領だった頃の私も含めてですが、大失敗してきたのだということを。食料が多国間貿易におけるほかの製品と同じだと考えたのは誤りでしたし、より合理的で持続可能な農業の形態に立ち戻らなくてはいけません。

昨年には、彼はより率直に語っている。

一九八一年以降合衆国はある政策を用いてきて、それが見直され出したのはようやく昨年あたりのことです。その政策とは、多くの食料を生産する我々富める国は貧しい国に食料を売り、自国で食料を生産する重荷から解放してやるべきだ、というものです。そうすればめでたいことに、その国々は工業化の時代へひと飛びだろうと、こう考えたわけです。そううまくはいきませんでした。政策はわが州アーカンソーの一部の農民たちの利益にはなったかもしれませんが、全体としては立ちゆかなかったのです。あれは失敗でした。その失敗に、私も関与していました。ほかのだれかのせいにするつもりはありません。私がしたことです。自分が支持した政策によって、ハイチが米《コメ》の生産力を失い、飢えている人々に食料を供給できなくなってしまった、その結果の重大性を、私は日々ひしひしと感じています。

クリントンの自責の念の表明は、連邦準備制度理事会議長のアラン・グリースパン[5]が二〇〇八年に、自らの経済政治の前提は間違っていたと認めたのに匹敵する。以前の国家の政策と、ＩＭＦや世界銀行や自由貿易原理主義者たちの政策は、貧困と苦しみ、飢えと死をつくり出した。私たちの多くはその経験に学んだし、世界は飛躍的によくなった。昔だったら、自由市場原理主義に反対しようものなら、トーマス・フリードマン[6]に「地球が平らだと信じている」とか「保護主義貿易連合」とか「六〇年代のヤクを探し回るヤッピー」とか烙印を押されてしまうところだ。もっともこの言い回しとて、不滅ではなかった。フリードマンはのちにこの意見を飲み込んで、撤回したのだから。

　昨年の壊滅的なハイチの地震のあと、驚くべきことが起きた。ストロス＝カーン率いるＩＭＦが、国家が脆弱な状態にあるのを利用して、ハイチに通常通りの条件で融資を行おうとしたのだ。クリントンがのちに謝罪した新自由主義政策によってすでに打撃を受けていた国家の負債をいっそう増すであろうこの計画に、活動家たちは反発した。ＩＭＦはぎょっとして尻込みし、機構に対するハイチのそれまでの負債を帳消しにすることに同意した。確かな知識に基づいた政治行動の目覚ましい勝利の瞬間だった。

力なき者たちの力

ホテルのいちメイドが、世界でもっとも権力を持つ男性たちのうちひとりのキャリアを終わらせようとしつつある。というよりはむしろ、メイドの権利と人間性を軽視したことで、男は自らのキャリアを終わらせることになるのかもしれない。ほとんど同じことがメグ・ホイットマンにも起きた。昨年のカリフォルニア州知事選に出馬した、元eBayの億万長者だ。彼女は不法移民を攻撃して保守派に仲間入りしたが、彼女自身、ニッキー・ディアスという不法移民の家政婦を長らく雇っていたことが判明した。

九年も雇用しておきながら、ディアスの存在が政治的に面倒になると、ホイットマンは彼女を突然解雇し、自分の被雇用者が不法移民だとはついぞ知らなかったと主張して、彼女に最後の給料を払うことを拒否した。言いかえれば、選挙戦に一億七八〇〇万ドルを費やすことは厭わなかったのに、六二一〇ドルの給料を出し渋ったことが、彼女の凋落に一役買ったわけだ。

ディアスは語った。「まるでゴミみたいに捨てられた気分でした」。ゴミだって声を上げることはできるし、カリフォルニア看護師組合はその声を増幅させた[7]。おかげでカリフォルニアは、貧困層と困窮するミドルクラスをさらに無情に扱う政策を掲げた億万長者によって統治されずにすんだ。

　不法移民の家政婦と移民のホテルのメイドの正義を求める戦いは、私たちの時代の世界大戦の縮図だ。ニッキー・ディアスとＩＭＦのハイチへの貸付をめぐる戦いが物語っているのは、結果がどうなるかは不透明だということだ。ときに小競り合いに勝つことはあっても、戦争そのものはまだ続く。先週マンハッタンの高級ホテルのスイートルームで何が起きたのかはいまだに明らかになっていないが、私たちは知っている。現代における真の階級闘争がいま公然と戦われていて、先週の闘争ではいわゆる社会主義者が、弱者を敵に回す立場を取ってしまったのだということを。

　彼の名は特権だが、彼女の名は可能性だ。彼の物語はありきたりだが、彼女の物語は新しい。それは語りの変化の可能性についての物語であり、決して完結することがなく、私たちみんなについての、とても重要な物語だ。今後何週間、何カ月、何年、何十年と、私たちはそれを注視し続けるだろうし、自ら物語の作り手となり、語り続けていくだろう。

後日譚

このエッセイは、ドミニク・ストロス゠カーンが滞在していたマンハッタンのホテルの一室で起きたことに関する最初の報道を受けて書かれたものだ。その後、大金を費やして有能な弁護団を雇ったストロス゠カーンは、ニューヨーク州の検察に刑事告訴を取り下げさせるとともに、弁護団が提供した情報によって被害者の評判を傷つけることにも成功した。多くの極度に貧しい人々や、動乱状態にある国の出身者と同じように、ナフィサトゥ・ディアロは周縁に身を置いてきた。そこでは真実を語ることは、必ずしも賢明な判断でも安全なことでもなかった。だから彼女は嘘つき呼ばわりされたのだ。ニューズウィークのインタビューで、レイプ事件の告発者として名乗り出ることに躊躇したし、その結果どうなるかを思って恐ろしかった、と彼女は語った。だが彼女は沈黙をやぶり、影の中から現れたのだった。

多くのレイプ被害者の女性たちや少女たちのケース、とりわけその証言が体制側にとって脅威となるようなケース同様、彼女の人格が問題視されることになった。ルパート・マードック所有の地元タブロイド紙、ニューヨークポストの一面の見出しには、彼女は売春婦だ、とあった。なぜ売春婦が組合もあるホテルで、時給二五ドルもらってフルタイムで働いていたのかは、容易には説明がつかないし、だからこそだれもそのことに触れなかった（ポストはのちに彼女に名誉棄損で訴えられ、和解を余儀なくされた）。

さまざまな書き手たち、なかでもニューヨーク・レヴュー・オブ・ブックスのエドワード・ジェイ・エプスタインは、何が起こったかについて詳細な仮説を練り上げた。目撃者によればひどく動揺していたというこの女性が、なぜ性的に暴行されたことについて語ったのか、なぜ容疑者は、明らかにパニックを起こして国外に出ようとしたのか、そしてなぜ彼の精液が、彼女の衣服やその他の場所から検出されたのか。もちろんそれは性行為が起きたことを証明するものだ。同意の上であるにしろないにしろ、性行為そのものはあったわけだ。ディアロ自身の説明が、もっとも簡潔で筋が通っている。デイリー・ビーストのクリストファー・ディッキーが書いているように、ストロス＝カーンは「七分にも満たない性交渉の間に、それまで会ったこともない女性の同意を取りつけたというのだろうか。その証言を信じるとすれば、この六十絡みの出っ腹の男の裸体がシャワーから現れたのを一目見て、ディアロが自発的にひざまずいた、と信じなくてはならなくなる」。

のちにほかの女性たちも自ら名乗り出て、ストロス＝カーンに暴行を受けたと証言した。その中には、彼にレイプされかけたという若いフランス人ジャーナリストも含まれていた。彼は売春婦が参加する違法な乱交パーティーに出席していたとされた。売春婦によるレイプ告訴は取り下げられたものの、こうして書いている間にも、彼は「売春斡旋」容疑で起訴されている。

最終的に大事なのは、貧しい移民の女性が、世界でもっとも大きな権力を持つ男のうちひとりのキャリアを台無しにしたということ。もしくは、とっくにやめているべきだった彼の悪行を明るみに出したということだ。結果として、フランス女性は自国の社会における女性嫌悪《ミソジニー》について改めて考えることになった。そしてミズ・ディアロは、元IMF専務理事を相手取った民事訴訟で勝利を収めた。ただし和解の条件としてかなりの額の示談金が支払われたのではないかという点に関しては、沈黙を守った。こうして私たちはまた、振り出しに戻ったのだ。

訳注

▼1――一九四四年七月に合衆国ニューハンプシャー州ブレトンウッズで行われたこの会議で、IMFを含む国際金融機構の創設が決定され、通貨や為替相場の安定、自由貿易の振興、開発途上国の支援に基づいた経済体制がスタートした。

▼2――ワシントン・コンセンサスは、一九八九年に国際経済学者ジョン・ウィリアムソンが定式化した、途上国の累積債務問題に対処するための十大原則をさす。米国的な資本主義のグローバルな拡大を狙ったものとする批判も集めた。

▼3――ウゴ・チャベスはベネズエラの軍人で、貧困層の圧倒的な支持を受け、一九九九年から二〇一三年まで大統領を務めた。反米路線と社会主義政策で知られ、任期中には反対勢力によるクーデターも発生した。

▼4――フランス語の「自由、平等、友愛」は一般的には"liberté, égalité, fraternité"だが、ソルニットはフェミニスト風に女性同士の友愛を示す語"sororité"を用いている。

▼5――アラン・グリーンスパンは連邦準備制度理事会の議長として低金利政策を推進し、サブプライムローン問題からリーマン・ショックに至る金融危機の原因をつくったとされる。

▼6――トーマス・フリードマンはニューヨークタイムズの連載コラムで知られるジャーナリスト。「地球が平らだと信じている〜」の部分は、フリードマンによる一九九六年十二月一日の同紙掲載記事からの引用。

▼7――ディアスはホイットマンにより解雇された後、看護師組合にコンタクトを取り、有能かつ著名な弁護士を紹介されたという。

4 脅威を称えて

結婚の平等が真に意味するもの

長きにわたり、保守派たちが同性婚は伝統的な結婚に対する脅威だと主張する一方、同性婚の支持者たちはそれを否定し続けてきた。ひょっとすると保守派たちは正しいのかもしれない。そしておそらく脅威であることを否定するより、それを称えたほうがいいのだ。ふたりの男性が、あるいは女性が結婚したからといって異性間の結婚そのものがどうこうなるわけではないが、形而上学的に見れば影響はある。

その影響がどんなものか理解するためには、伝統的な結婚とはなにかをまず考えなくてはいけない。そしていかに双方の立場が真実を覆い隠しているか、ということについても。同性婚の支持者たちは脅威であることを否定するか、多くの場合は軽視しているし、保守派たちは保守派たちで、同性婚が一体何に対して脅威となるのか、はっきり言わないのだから。

最近になって、多くのアメリカ人は「同性婚」という厄介な語の代わりに「結婚の平等」という言い回しを使うようになった。もちろんこの言い回しも元々は、同性のカップルが異性のカップルと同様の権利を得るという意味だったが、同時に婚姻関係にある者同士は平等だ、という意味もあった。伝統的な結婚は、そういうものではなかった。西洋の歴史ではおおむね、法の下での結婚における夫は本質的に所有者であり、妻はその所有物だった。あるいは夫がボスで、女性は召使いか奴隷だった。

一七六五年、英国の慣習法にも、のちの米国の法律にも影響を与えた解説の中で、ウィリアム・ブラックストーン判事はこう書いている。「結婚によって、夫と妻は法律上ひとりの人間になる。つまり女性の存在そのもの、もしくは女性の法律上の存在は、結婚が継続する間は保留となるか、少なくとも夫の存在に組み入れられ、統合されるのである」。そのような法の下では、女性の人生がどうなるかは、夫の性格次第だったろう。当時だって親切な男も不親切な男もいただろうが、自分に対して絶対的な権力を持つだれかの親切心なんかに頼るより、権利を得るほうがいいに決まっている。でも女性が権利を得ることになるのは、ずっと先のことだった。

一八七〇年および一八八二年の既婚婦人財産法までは、あらゆるものは夫の所有物だった。遺産や稼ぎがいくらあろうと、妻には自分の財産といえるものはびた一文なかった。同じ頃、英国でも合衆国でも妻に対する暴力を取り締まる法案が可決されたが、一九七〇年代にいたるまで、それが実際に執行されることはまれだった。現代でもドメスティック・バイオレンスによって（ときには）罰せられることはあるが、実際の暴力はなかなかなくならない。

最近出た作家エドナ・オブライエン[1]の回顧録には、いたって伝統的な結婚において彼女がたどった足跡についての、血も凍るような描写がいくつかある。最初の夫は妻の文壇での成功を苦々しく思い、金銭的援助を要求してきた。多額の映画化権料の小切手を切ることを拒んだら首を絞められた。だが警察に行っても碌《ろく》に取り合ってくれなかった。おそろしいのは暴力だけでなく、虐待の加害者が被害者をコントロールし、罰を与える権利を持っているという前提であり、その権利を行使するためにやがては暴力を使うという手口だ。

二〇一三年に、十年にわたって三人の女性を監禁し、拷問し、性的に虐待したかどで起訴されたオハイオ州クリーブランドのアリエル・カストロの事件は極端だが、実際はそれほど例外的でもない。ひとつには、訴えによればカストロは、亡くなった内縁の妻に対して、見世物かなにかのようにおおっぴらに暴力をふるっていた。カストロの行動の裏には、自分が絶対的な力を持ち、女性の方はまったく無力であるような状況をつくり出したいという欲望があった。だがそういう状況とは言ってみれば、伝統的な結婚を悪質にしたものにすぎないのではないか。

フェミニズムはいまも昔も、こういう伝統に抵抗している。極端なケースだけでなく、日々繰り返される状況に対する抵抗だ。十九世紀のフェミニストたちが先鞭をつけ、一九七〇年代と八〇年代にはより多くの達成があり、合衆国と英国の女性ひとりひとりがその恩恵にあずかっている。そしてフェミニズムがヒエラルキー的な関係を平等なものに変えようと尽力したことは、のちに同性婚の実現につながった。というのも、同じジェンダーを持つふたりの人間同士の結婚は、本来平等なものだから——たまたまいろんな形でそのうちひとりがより多くの力を持つことがあっても、ほとんどの場合それは平等な人間同士の関係であり、ふたりは自分たちの関係を自由に定義することができるのだ。

ゲイ男性とレズビアンは、どんな性質や役割が男性的、あるいは女性的なのかを疑ってみせたのであり、その問いかけはストレートの人間をも解放してくれる可能性を持ったものだった。同性同士が結婚するとき、結婚の意味もまた同様に問いに付される。彼らの結びつきには、ヒエラルキー的な伝統は存在しない。このような関係を、喜びをもって迎える人たちもいる。いくつもの同性婚を執り行ってきた長老派の牧師は、私にこう語った。「まだカリフォルニアで同性婚が合法でなかった頃、同性カップルの結婚式をしたことがある。彼らに会ったとき、こう思ったのを覚えてるよ。古臭い家父長的な形式は、彼らの関係には見合わないものだってね。すばらしいことが起きるのを目撃した気持ちだったよ」。

アメリカの保守派たちはこの平等主義をおそれている。もしくは単に、拒否反応を示している。それは伝統的なものではないからだ。でも彼らはその伝統についても、なぜそれを熱狂的に支持するのかについても話したがらない。性と生殖に関する権利と女性の権利に対する彼らの攻撃や、二〇一二年暮れから二〇一三年初頭にかけての、女性に対する暴力法の改正をめぐる騒乱を見れば、どんな立場をとっているかは一目瞭然だ。にもかかわらず、なぜそんなにも同性婚を止めたいかについては、明言を避けている。

例えばカリフォルニア州の結婚の平等をめぐる一連の訴訟の経緯などを追って

いると、繰り返し争点として出てくるのは、結婚とは子どもを持ち、育てることであるという考えだ。たしかに生殖には精子と卵子の結合が必要だが、最近ではその結合だって、人工授精から代理母までいろんなやり方がある。そしてわかりきったことだが、多くの子どもたちは祖父母や義父母、養父母など、生みの親ではなくても自分たちを愛してくれる人々によって育てられている。

異性婚でも子どもを持たないカップルはたくさんいる。子どもがいても離婚するケースもたくさんある。異性婚だからといって、ふたつのジェンダーを持つ両親のいる家で子どもたちが育つことになるかどうかはわからない。結婚の平等に反対して生殖と子育てを持ち出す議論を、法廷は一笑に付した。そして保守派たちは、同性婚に反対する真の理由をまだ公にしていない。つまり伝統的な結婚を守り、それ以上に伝統的な性役割を守りたいのだということを。

一九四〇年代、五〇年代、その後の時代に結婚した異性婚のカップルにも、すばらしく魅力的な人たちはいる。平等で心からの親密さと寛容性に満ちた結婚だってもちろんある。だが過去には、特に悪質な人間が介在しなくても、ひどく不平等な結婚があったのも事実だ。先頃九十一歳で亡くなったある男性がいる。ごくふつうの人だ。働き盛りの頃、彼は妻にひとことも告げずに国の反対側の土地での仕事を引き受けたことがあった。引っ越すことも妻には言わず、仕事を受けるかどうか話し合うことも選択肢になかった。妻の人生を決めるのは彼女自身ではなく、夫だったのだ。

そんな時代に別れを告げ、新しい扉を開けるときが来た。その先で私たちはジェンダー間の、婚姻関係の、そしてあらゆる人々のあらゆる関係における平等を喜んで迎え入れることができる。結婚における平等は、不平等な状態を望む側からすれば脅威だ。だが平等を尊び、そこから利するすべての人々には、恩恵となることだろう。私たちみなにとっての恵みなのだ。

訳注

▼1 ——アイルランド出身の作家。女性を主人公にした『カントリー・ガール』（一九六〇）以下の三部作で知られる。『カントリー・ガール』は発売当時としては過激な性描写のために発禁処分となった。

5 グランドマザー・スパイダー

一

女が洗濯物を干している。あらゆることが起きているようでもあり、何も起きていないようでもある。彼女の肉体のうち、見えているのは何本かの指と、一対の逞《たくま》しい褐色のふくらはぎと足だけだ。白いシーツが彼女の姿を覆っているが、吹きつける風が体の輪郭を露わにしている。服を干すというのはもっともありふれた行為だが、女はなにか家事以外の予定があるみたいに、黒いハイヒールを履いている。あるいは、家事そのものがダンスの一種であるみたいに。ダンスのステップを踏むように、彼女は脚を組み合わせている。太陽が彼女と白いシーツのつくる暗い影を大地に投げかけている。影は長い脚を組み合わせた黒い鳥のように、女の足元から生まれ出た別の生き物のように、大きく羽をのばしている。

アナ・テレサ・フェルナンデス「無題（パフォーマンス・ドキュメンテーション）」

シーツが風に舞い、彼女の影も舞う。こうしたすべてが起こる景色はあまりにからっぽで荒涼としているので、地平線のうえに地球の丸みが見えるかのようだ。洗濯物を干すこと、そして絵を描くことは、もっともありふれていながら、もっとも非日常的な行為でもある。絵を描くという作業はもの言わぬ存在ができることにも似て、なにも言わずにすべてを伝えることができる。ひとつに限定することなく、さまざまな意味を表すことができる。ひとつの答えではなく、複数の問いを与えることができる。アナ・テレサ・フェルナンデス[1]の描いたこの絵の中で、女は存在しながら消し去られている。

二

消し去られるということについて、よく考える。いやむしろ、消し去られたものが次々に私の前に現れてくる、と言ったほうがいいかもしれない。ある友人の家系は千年前までさかのぼることができるそうだが、そこには女は存在しないという。兄弟たちは存在するのに、彼女は存在しない。母親も存在しなかった。父の母も、母の父も。祖母などというものはひとりもいない。父たちには息子がいて、男の孫たちがいて、同じ名前が継承されて家系は続いていく。家系図が枝分かれして増えていけばいくほど、行方不明の人間が増えていく。姉妹、叔母、母、祖母、曾祖母。書類の上で、歴史において、驚くほど多くの人物が、その存在を消し去られていく。友人はインド出身だが、私たち西洋人にとっても、こうした家系図は見慣れたものだ。聖書では、長大な系図が父と子を結んでいる。新約聖書のマタイによる福音書には、アブラハムからヨセフにいたるまで、十四世代もの長たらしい家系図が登場する（イエスの父にあたるのは神であってヨセフではない点については言及がない）。エッサイの木——マタイに出てくるイエスの父方の系図のトーテムポール版みたいなもの——は、ステンドグラスや他の中世美術に現れ、家系図というものの礎になったといわれている。家父長制も家系図も物語も、その一貫性は消去と排除のもとに成立している。

三

母を消し、ふたりの祖母を消し、四人の曾祖母を消す。さらに世代をさかのぼれば、百人、千人もの人間が消えていく。母たちは消え、父たちも、母のそのまた母たちも消え去る。森を木に、網の目を一本の線に狭めるようにしてじっくり見てみない限りは、もっと多くの人間が、もともと存在しなかったかのように消えてしまう。血や影響力や意味についての線形の物語構造によって失われる代償がこれだ。美術史の世界ではいつもこの手のことがあった。ピカソがポロックを生み、ポロックがウォーホールを生み、云々。まるで芸術家が影響を受ける存在は、ほかの芸術家だけだとでもいうかのようだ。何十年も前、ロサンゼルスのアーティスト、ロバート・アーウィンは、ホットロッドの改造車をつくる若者の芸術的才能を認めようとしなかったニューヨークの批評家を、車からおろしてフリーウェイに置き去りにした。アーウィン自身かつては改造車の作り手で、ホットロッド文化に大きな影響を受けていた。こう書いて思い出したのは、ある現代美術アーティストが、展覧会カタログに掲載されたエッセイの中で、父権主義的な血統を押しつけられたときのことだ。エッセイによれば彼女は、クルト・シュヴィッタースとジョン・ハートフィールドの直系とのことだった[▼2]。彼女はアーウィンのように手荒なまねはしなかったけど、同じくらい逆上していた。自分のスタイルを作ったのは、実際的な手仕事だと知っていたからだ。糸を紡ぐことや、なんであれ手作りすること。子どもの頃に家に来た煉瓦職人が働くのを見たときから、ものを積み上げる作業にも魅入られていた。だれしも形式的な教育を受ける以前に、突然、日々の暮らしの中から立ち現れることごとに影響されるものだ。やがて排除されてしまうそのような影響力を、グランドマザーと呼ぼう。

四

女たちを消し去る方法はほかにもある。たとえば名前のつけ方。女性が自分の名前を保っている場合もあるにはあるが、ほとんどの文化では子どもは父親の名前を受け継ぐ。そして英語圏ではごく最近まで、既婚女性は夫の名前に「ミセス」をつけた形で呼ばれていた。言ってみればシャーロット・ブロンテがミセス・アーサー・ニコルズになるようなものだ。名前が女性の血筋はおろか、存在すらも消し去ってしまったわけだ。これはブラックストーンが一七六五年に説明していた英国の法にも類似している。

結婚によって、夫と妻は法律上ひとりの人間になる。つまり女性の存在そのもの、もしくは女性の法律上の存在は、結婚が継続する間は保留となるか、少なくとも夫の存在に組み入れられ、統合されるのである。夫の庇護のもと、覆われるようにして守られた状態で、妻はあらゆることを執り行う。それゆえ我々が使う法律用のフランス語では、既婚女性を「覆われた女性《ファム・コベール》」と呼ぶ。また女性は、貴族や君主のような上位者である夫の保護と影響のもとにある。そうした既婚女性の状態を「覆い《クーベルチュール》」ともいう。こうした理由から、男性は妻にはなにも譲渡することはできないし、契約を結ぶこともできない。譲渡という行為は、妻が独立した存在であることを前提としているからである。

シーツのように、かたびらのように、幌のように、夫は妻を覆い隠す。彼女は自立した存在ではない。

五

女性の不在にはたくさんの形がある。アフガニスタンの戦争の初期、ニューヨークタイムズ日曜版の一面に、この国についての記事が掲載された。記事の上部につけられたある家族の写真には、男と子どもたちしか写っていなかった。やがて掛け布か家具だと思っていたのが、全身をヴェールで覆った女性だと気づいて、私は愕然とした。彼女は視界から消え去っていた。ヴェールやブルカをめぐる議論がどうあれ、それらが人々を物理的に消し去ってしまうことはたしかだ。ヴェールの歴史は長い。三千年以上前のアッシリアにもそれは存在した。当時女性は二種類しかいなかった。ヴェールを被った節操ある人妻や未亡人たち、もしくはヴェールを被ることを禁じられた娼婦や奴隷の少女たち。ヴェールはプライバシーを守る壁の一種で、ある女がだれかひとりの男のものであることを示す、いわば持ち歩き可能な監禁用の建物のようなものだった。持ち歩けない方の建物では女性が屋内に、家事と育児というドメスティックな領域に閉じ込められ、公的な生活から隔絶され、自由に動き回ることもできなかった。あまりに多くの社会で、女性は家に閉じ込められ、性的な潜在能力をコントロールすることを余儀なくされたが、それは父系社会において、父が息子の出自を確かめ、自らの血統に基づく家系図をつくり上げるうえで必要なことだった。母系社会では、そんなコントロールはたいして重要ではない。

六

一九七六年から一九八三年まで「汚い戦争」の渦中にあったアルゼンチンでは、軍事政府が人々を「消す」と言われていた。反体制派や活動家、左派、ユダヤ人らが、性別にかかわらず消されていった。消えた者たちはできる限り秘密裏に連れ去られたので、近しい人々すら彼らになにが起きたのかわからなかった。一万五千人から三万人のアルゼンチン人が忽然と姿を消した。人々は、だれかが自分を裏切るのではないかとおそれ、隣人や友人と話すこともやめてしまった。消されまいとするあまり、彼らの存在はかえってずっと希薄なものになってしまった。何千人もの人間が消えていくうちに、「消える」という動詞が「失踪者」(los desaparecidos）という名詞に転じた。だが愛する者たちの中では、消えた人々は生きていた。この失踪について最初に声を上げ、恐怖を克服して語り、姿を現したのは母親たちだった。「五月広場の母たち」と呼ばれる女性たちだ。その名の由来は、彼女たちが失踪者の母であったことと、国の中心、首都ブエノスアイレスの五月広場に面した大統領官邸カサ・ローザ[3]の前に現れたことにある。現れた母たちは、立ち去ることを拒んだ。座ることを禁じられ、彼女たちは歩いた。襲撃され、逮捕され、尋問され、公共空間の中でももっとも公的なこの場所から締め出されても、何度も戻ってきて悲嘆や怒りを表明し、子どもたち、孫たちを返してくれという訴えをあらたにした。彼女たちは子どもたちの名前と消えた日を刺繍したスカーフをつけていた。母であることは、当時国を支配していた軍人たちにも左翼や犯罪者だと簡単に片づけられないような、感情的で生物学的なつながりだった。それは新しい政治のありかたにつけられた隠れ蓑のようなものだったのだ。冷戦中の一九六一年に設立された米国の団体ウィメン・ストライク・フォー・ピースの場合と似たところがある。この組織ができた頃のアメリカでも、反対分子といえば邪悪な共産主義者として描かれるのが常だった。母であること、社会的にまともであることは、この女性たちがあるときは軍人を、またあるときは核兵器プログラムや戦争そのものを糾弾する際の鎧となり、コスチュームとなった。母という役割は、だれも本当の意味で自由になれないようなシステムの中で、限られた形ではあれ運動の自由を得るための目隠しのようなものだったのだ。

七

私が若かった頃は、名門大学のキャンパスで女性たちがレイプされていた。大学当局の反応は、女子学生は夕方以降はひとりで外出すべきでない、いや昼間もひとりで外に出てはいけない、というものだった。家にいろ、というわけだ(女性にはいつも、閉じ込められるという運命が待ち受けている)。いたずらものたちは別の解決法、つまり男性は夕方以降キャンパス内にいてはいけないというポスターを貼り出した。女性に家にいろというのと同じくらい論理的な解決策のはずだが、ひとりの男が犯した暴力のせいで自分たちまでその場から消えろといわれ、移動や社会参加の自由を失うように求められていると知って、男性たちはいたくショックを受けたようだ。汚い戦争における失踪を犯罪と呼ぶのは簡単だが、公的領域から、家系図から、法的定義から、声を上げることから、そして人生そのものから、何千人もの女性たちが消えていることに呼び名はあるのか。イタリアの俳優セレーナ・ダンディーノ[4]らによって組織されたプロジェクト、フェリテ・ア・モルテ（「致命傷」の意）によれば、世界では年間六万六千人の女性たちが、特に女性を標的にしたと思われる状況下で男性によって殺害されており、こうしたケースは「フェミサイド」と呼ばれるようになった。多くの女性は、恋人や夫や元パートナーによって殺されている。それは女性たちを閉じ込め、その存在を拭い取り、沈黙させ、消し去るためのもっとも極端な手段だ。そのような死は往々にして、何年も何十年もの間、家庭や日常生活で脅迫や暴力によって沈黙させられ、存在を消し去られてきた末に訪れたものだ。少しずつ消えていく者もいれば、一度に完全に消えてしまう者もいる。だが再び現れる者もいる。姿を現す女性のひとりひとりは、自分を消し去ろうとした力と戦っている。女性に代わって物語を語ろうとする力、女性の存在を物語から、家系図から、人間の権利と法の規定から消し去ろうとする力と戦っているのだ。言葉やイメージによって自らの物語を語る、ただそれだけのことが、女性にとってはすでに勝利であり、反乱なのだ。

八

洗濯物を干す女をめぐるいくつもの物語がある。物干しに服をかける作業は、ときに光に至るまわり道のようで楽しい。アナ・テレサ・フェルナンデスの絵のシーツが絡まり合ってつくる不思議な形についても、いくつもの物語がある。洗濯物を干すというのは、空気と、太陽と、水分が清潔な衣服から蒸発していく時間を含んだ、家事の中でももっとも夢のような作業にも思える。裕福な者はいまでは自分で洗濯物を干さないが、黒いハイヒールの女が主婦なのか、メイドなのか、世界の終わりに現れる女神なのかは決めがたい。同様に、彼女がシーツを干すことの意味もまた、決定不可能だ。ただ洗濯物を干す行為は私に、消え去ることをめぐる一連の考えを与えてくれた。まるで物干しみたいにつながった考えを。乾燥機が発明されるまで、布を乾かす手段は外に干すことだった。私はいまでもそうしている。サンフランシスコのラティーノやアジア系移民たちもそうだ。

チャイナタウンの窓からミッション・ディストリクトの庭まで、洗濯物は干され、たくさんの祈りの旗のようにはためいている。履き古したジーンズや、子ども服や、このサイズの下着、あのストライプのピローケースは、どんな物語を語っているのだろう。

九

この聖フランチェスコが着ている白いローブはとても大きく、がっしりした両手と、片足と、頭巾の影から覗く顔以外はすっかり覆い隠されている。左方向から光が差し、重たい羊毛らしき布地に深い影を投げかけ、幾重ものひだを露わにしている。骸骨を支え持つ両腕は曲線を描き、深いひだのできた袖の布地が光を放っている。聖フランチェスコと同じ名を持つ十七世紀のスペインの画家、フランシスコ・デ・スルバランは、さまざまな聖人を題材とした作品で何度となく白い布地を描いた。それは滝のようになだれ落ちてヒエロニムスの姿を隠し、聖セラピオンの首元に光と影の渦巻きをつくっている。セラピオンの両腕は疲れ切っ

スルバラン「瞑想する聖フランシスコ」

て降伏するかのように差し上げられ、手首につけられた鎖によって、かろうじて起きたままの姿勢を保っている。白布は鮮やかな身ぶりでそれを纏う人物の身体を受けとめ、感情を表現する。あたかも彼に代わってこちらに語りかけてくるかのように。いわば肉体の官能性が、より純粋だが同じくらい表情豊かな何かにとって代わられたようだ。フェルナンデスの絵のシーツと同じように、布は身体を隠しつつ、その輪郭を露わにする。それは光と影をあやつる絵画のもたらす純粋な歓びに浸る機会を与え、年老いた画家の描く暗い背景に光を投げかける。スルバランの時代には、糸を紡ぎ生地を織り上げるのはたいてい女性の仕事だった。彼女たちは絵を描きはしなかった。あるイタリアの古い町で、スルバランの展覧会を見た。町には壁画と天井画の施された美しい劇場があり、サンフランシスコのアーティストで壁画家のモナ・キャロンの作風を思い出させた。劇場の壁画の花輪やリボンはキャロンの作品に似ていたけれど、壁画が描かれた当時、絵を描くことができた女性はほぼ皆無だった。ほとんどの女性は、絵を描くことによって自分の内面のイメージを公に表現することも、世界を見る方法を定義することも、生計を立てることも、五百年経ってもだれかの目にふれるようなものを生み出すこともできなかった。フェルナンデスの絵画では、表現豊かな影とひだのある布地はシーツである。それは家庭や、ベッドや、ベッドでなにが起きてシーツが洗濯されることになるのかについて、家を片づけることや女性の仕事について物語っている。それは絵の主題であって、現状の説明ではない。絵に描かれた女の姿は見えないが、それを表現する女は隠れてはいないのだ。

＋

いろんな色の絵の具がチューブから絞り出され、混ぜ合わされ、木枠に貼り渡されたキャンバスの上に塗りつけられる。あまりに精緻な仕事なので油彩とは思えない。シーツを干す女の姿が浮き出して見えるようだ。アナ・テレサ・フェルナンデスのキャンバス画は高さ一・八メートル、幅一・五メートルで、描かれた姿はほぼ等身大に近い。作品は無題だが、それを含む連作には「テララーニャ」(telaraña)、つまり「蜘蛛の巣」というタイトルがついている。それは描かれた女がとらえられたジェンダーと歴史の蜘蛛の巣であり、女自身の力を示す蜘蛛の巣でもある。織り上げられたシーツが大半のスペースを占めるこの絵画の中で、彼女はその巣を紡いでいるのだ。いまや布地は機械織だが、産業革命以前は、糸を紡ぎ布を織るのは女性の仕事だった。その作業からの連想で、昔話の中では女は蜘蛛と結びつけられ、蜘蛛には女性的な性格が与えられてきた。アメリカ大陸のホピやプエブロ、ナヴァホ、チョクトー、チェロキーといった部族の創世記には、スパイダー・グランドマザーという宇宙の創造主が登場する。古代ギリシャ神話には、蜘蛛に姿を変えられてしまうことで有名な糸紡ぎ女が出てくるし、よりパワフルな運命の三女神というのもいて、人間ひとりひとりの生命を紡ぎ、織り上げ、断ち切ることで、人の人生が終わりのあるひと続きの物語になることを保証していた。蜘蛛の巣のイメージは非線形で、ものごとがさまざまな方向に展開し、さまざまな方向からやってくることを示している。それは系図のイメージであると同時に、グランドマザーのイメージでもある。ある十九世紀のドイツの絵画には、リネンのもとになる亜麻布を織る女たちが描かれている。[5] 彼女たちは木靴を履き、暗い色のドレスを纏い、上品な白帽をかぶっている。壁には生糸を巻きつけて束ねたかせがあり、ある女は壁の近くに、別の女は遠くに立っている。ひとりひとりの女から糸が一本ずつ、部屋中にのびている。まるで蜘蛛がお腹から糸を出すように。女たちは、特殊な光のもとでしか見えない極細の糸によって壁に

マックス・リーベルマン「ラーレンの亜麻小屋」

つながれているようにも見える。糸を紡いでいるようにも、蜘蛛の巣にとらわれているようにも見えるのだ。

巣を紡ぎつつ、そのうちにとらわれないこと。世界を、自分の人生を創造し、運命を自ら決めること。父のみならず祖母たちにも名を与え、まっすぐな線だけでなく網もたぐり寄せること。片づけるだけでなくもの作りもして、沈黙に追い込まれずに歌えること。ヴェールをはぎ取り、姿を現すこと。これらのすべてが、私が物干しにかける旗じるしだ。

訳注

▼1――アナ・テレサ・フェルナンデスは、メキシコ生まれのアーティスト。絵画から写真、映像作品、彫刻、パブリックアートまで、多岐にわたる作品がある。本作原著の各章の表紙には彼女の油彩画が使われている。

▼2――シュヴィッタースとハートフィールドは、ともにダダイスムの影響を強く受けたドイツの近代美術アーティスト。

▼3――大統領官邸の通称は、正しくは「ピンクの家」を意味するカサ・ロサダ（Casa Rosada）。

▼4――フェリテ・ア・モルテの創設者は正しくはセレーナ・ダンディーニ（Serena Dandini）。ドメスティック・バイオレンスの被害に遭って死亡した女性たちを主人公に据えた劇を上演している。

▼5――九六ページのドイツの画家マックス・リーベルマンによる『ラーレンの亜麻小屋』（Flachsscheuer in Laren, 一八八七）を指していると思われる。

6 ウルフの闇
説明しがたいものを受け入れること

「未来は暗い。思うにそれが、未来にとって最良の形なのだ」。ヴァージニア・ウルフは[1]、一九一五年一月十八日の日記にこう書いた。そのとき彼女は三十三歳になろうとしていた。ちょうど第一次世界大戦が、その後何年も続く未曾有の大殺戮へと変貌していくところだった。ベルギーは占領され、大陸は戦争状態にあり、多くのヨーロッパの国々は、世界中の別の国々を侵略していた。パナマ運河は開通したばかりで、米国経済は最悪の状態にあり、イタリアの地震で二十九人の犠牲者が出たところだった。ツェッペリン型飛行船はいまにもグレートヤーマスを爆撃せんばかりで、一般市民を標的にした空爆の時代が幕を開けようとしていた。数週間後にはドイツが、西部戦線史上はじめて毒ガスを使用することになる。でもウルフが書いていたのは、この世界のではなく、彼女自身の未来についてだったかもしれない。

その半年前、ウルフは狂気の、あるいは抑鬱の発作ののちに自殺未遂を起こし、日記を書いた頃も依然として看護人たちの保護と監視のもとにあった。実際、彼女の病状と戦争はそれまで似たような経過をたどっていた。ウルフは回復したが、戦争の方は、その後なんと四年以上も激化の一途をたどった。「未来は暗い。思うにそれが、未来にとって最良の形なのだ」。それは驚くべき宣言だった。いつわりの直観や、暗澹たる政治とイデオロギーの物語の投影によって、不可知のものを知っているふりをする必要はない、という主張だ。「思うに」という一節にあらわれているように、その言葉は闇を祝福し、自らの主張の不確かさすら認めることを厭わなかった。

たいていの人は暗闇をおそれる。子どもは文字通り暗いところをこわがるが、大人にとってこわいのはなによりも、知ることも見ることもできないぼんやりとした闇だ。だがおいそれと区別や定義のできない夜の闇は、愛が交わされる場でもある。そこではものごとは交りあい、変容し、魅入られ、欲望を呼び覚まされ、子を孕み、虜になり、解放され、蘇る。

このエッセイを書き始めた頃、私はローレンス・ゴンサレス[2]の大自然でのサバイバルについての本を手にとり、次の印象的な一節に出会った。「計画や未来の記憶が、現実と照合するかどうか試してかかる」。筆者がいわんとするのは、現実が計画通りには運ばないとき、人間はしばしばもとの計画にしがみつき、現実が発する警告を無視してトラブルに見舞われる、ということだ。不可知の闇を、ぼんやりとしか見えない空間をおそれて、私たちはしばしば目を閉ざし闇や忘却を選ぶ。ゴンサレスはこうも書いている。「研究者たちの指摘によれば、人間はどんな情報も自らのメンタルモデルを確証するものとしてとらえる傾向がある。我々は根っからの楽観主義者なのだ。もし楽観主義が、世界は私たちが見たままのものだと信じることを指しているとすればだが。そして計画に沿って行動するとき、我々はつい自分たちの願望を見るものに投影してしまう」。作家や冒険家の仕事は、それ以上のものを見ることだ。先入観にとらわれずに身軽に旅をし、目を開けたままで闇の中をゆくことだ。

もちろんみんながそうしようとするわけでもないし、うまくいくわけでもない。現代ではノンフィクションが、フィクションの側からすれば褒められたものではない形で虚構化してきている。理由のひとつは多くの書き手たちが、未来だけでなく過去の暗さとも向き合えなくなってきていることにある。わからないことはあまりに多い。自分や母親や有名人の人生について、特定の出来事や危機的状況や異文化について、誠実さをもって書くということは、張りめぐらされた闇に、歴史の夜に、不可知の場所に、何度となく立ち戻ることなのだ。これらの闇が教えてくれるのは、知識には限界があるということだ。確かな情報もないのになぜかしらだれかが考えたことや感じたことがわかる、という感覚からしてそうで、本質的には多くのことは謎につつまれたままなのだ。

往々にして自分のことすらよくわからないぐらいだから、現代とは性質もそれがどう反映されるかも違う時代に死んだだれかがどう感じるかなんて、もってのほかだろう。空白を埋めることは、完全にわかっているわけではないという事実を、知っているというういつわりの感覚によって置き換えることなのだ。知らないと認識しながら知っているふりをすれば、かえってわからないことが増えるだけだ。ときに思うのだが、豊かな知識があるふりをすることは、言葉の失敗ではないだろうか。堂々と主張する言葉は、ニュアンスと曖昧さと想像に基づく言葉に比べ、単純で安易だ。ウルフは後者の言葉の比類なき使い手だった。

闇の価値とは、そして不可知のものに知らず知らず踏み込んでゆくことの価値とはなんだろうか。ヴァージニア・ウルフは私が今世紀に入って書いた本のうち五冊に登場する。歩行の歴史を追った『ウォークス　歩くことの精神史』、さまようことと不可知のものの利点について書いた『迷子になるためのフィールド・ガイド』、家と家庭の幻想を扱った『インサイド・アウト』、物語と共感と病をめぐる『近くて遠い場所』、そして民衆の力と変化がどのようにもたらされるかについての小品、『暗闇のなかの希望』。ウルフは私にとっての古典であり、ホルヘ・ルイス・ボルヘスやアイザック・ディネーセン、ジョージ・オーウェル、ヘンリー・デヴィッド・ソローやその他数人とならんで、重要な作家であり続けてきた。

彼女の名前の響きにすら、どこか野性的な趣がある。フランス人は黄昏どきを「犬と狼のあいだ」（“entre le chien et le loup”）と呼ぶが、当時のイングランドにおいてユダヤ人との結婚は、たしかにヴァージニア・スティーヴン[3]にとって、自らの階級と時代の属性を超えていくらか「野蛮」にふるまうことを選ぶようなものだったろう。人によってとらえ方は違うだろうが、私にとってのウルフは、さまよい歩き道に迷うことや無名性、対象への没入、不確かさや不可知を通じて、ヴェルギリウスさながらに自分を導いてくれる作家なのだ。闇についての彼女の一節は、二〇〇四年に出版された『暗闇のなかの希望』のエピグラムになっている。それは政治と可能性についての本で、ブッシュ政権によるイラク侵攻の顛末がもたらした絶望に立ち向かうために書かれたのだった。

見て、目をそらし、再度見る

『暗闇のなかの希望』の冒頭に、闇についてのウルフの文を載せた。文化批評家・エッセイストのスーザン・ソンタグも自著でウルフを引用しているが、私のウルフとはだいぶ趣が異なる。共感と写真をテーマにした二〇〇三年のソンタグの著作『他者の苦痛へのまなざし』は、後期ウルフの引用ではじまっている。「一九三八年六月、ヴァージニア・ウルフは、勇敢に、かつ時流に反して戦争の原因を探った作品、『三ギニー』を出版した」。ソンタグは続けて『三ギニー』執筆の契機となったある問い[4]に言及し、ウルフによる「我々」という代名詞の拒絶について書いている。「どうすれば我々は、戦争を阻止できるとお考えですか?」ウルフはその問いに答えるかわりに、次の言葉を発する。「女である私に国はありません」。

そこでソンタグは「我々」や写真、そして戦争の抑止可能性をめぐってウルフと対話している。彼女は敬意を持って、しかし（アウトサイダーとしての女性の地位もふくめ）歴史的状況が完全に変わってしまったという認識のもとに、戦争は根絶できるという信念に基づいたウルフの時代のユートピアニズムに反駁しているのだ。ソンタグが反駁しているのはウルフだけでなく、かつての自分自身でもある。代表作『写真論』は、残酷なイメージに対する私たちの感覚がいかに麻痺してしまっているかを論じていたが、今回の著書は逆に、いかにして対象を見続けるべきかについて思いをめぐらせている。なぜなら残酷さには終わりがなく、何らかの形でかかわり続けるほかないからだ。

ソンタグの著作は、イラクやアフガニスタンで起きているような戦争のただ中にある人々についての思索で幕を閉じる。戦地の人々について、彼女はこう書いている。「「我々」――この「我々」というのは、死者たちが経験したようなことは何ひとつ経験していないすべての人間のことを指す――には理解できない。わからないのだ。私たちにはその経験がどんなものなのか、想像することはできない。いかに戦争が恐怖に満ちた忌まわしいものであるか、いかにしてその恐怖が日常のものと化してしまうのか。理解することも、想像することもできない」。

ソンタグもまた、洪水のようにあふれるイメージを浴びて理解していると思いこみ、苦痛に対して無感覚になってしまうのではなく、闇や未知のものや知ることの不可能性を受け入れるべきだと訴えている。知識は感覚を目覚めさせもするが、同時に麻痺させることもある。だが彼女は、その矛盾が解消できるとは思わないようだ。ソンタグは私たちが戦争の惨事を写した写真を眺め続けることを容認する。写し出された対象の経験は知りえないものだと、見る者に認識させる。そして著者自身も認識しているのだ。完全に理解はできなくても、関心を持つことはありえると。

ソンタグは、他者の苦痛が完全に不可視であり、それゆえに私たちが反応できていない、と言っているのではない。いまはだれもがEメールで日常的に喪失感や残虐さについて言い募り、プロも素人もこぞって戦争や危機的状況を記録する時代だ。問題は、それにもかかわらず多くの事柄はいまだに見えないままだということだ。政府は死体や囚人や犯罪や汚職を、ひた隠しにしようとするのだから。それでも、こんな時代でも、関心を持つことは可能だ。

「反解釈」というエッセイによって公的なキャリアをスタートさせた頃のソンタグは、決定不可能性の賛美者だった。エッセイは次の記述ではじまる。「芸術の原初的な体験は、呪文や魔術であったに違いない」。後半にはこうつけ加えられている。「現代はまさにそういう時代、解釈の試みが主として反動的で抑圧的になる時代だ。解釈とは知性による世界に対する復讐なのだ。解釈することは、対象を貧困化することである」。もちろん彼女はそう言いながらも、その後の人生で解釈というものを実践していったわけだけど、その最良の文章はウルフに匹敵するものがあった。ウルフ同様、ソンタグは大雑把な思いこみや単純化、決めつけに抵抗した。

ソンタグがウルフを相手に議論するのを読んでいて、自分がソンタグと議論しているような気持ちになった。実際ソンタグと初めて会ったとき、私は闇について彼女と論じあい、しかも驚くべきことに、負けてはいなかったのだ。遺作となった死後出版の論集『同じ時のなかで』のある短い段落には、まるで靴下にくっついた木屑のように、私のアイデアや具体例が組みこまれている。イラク戦争勃発直後の二〇〇三年の春、ソンタグはオスカル・ロメロ賞[5]の基調講演を執筆中だった（賞はイスラエルの選択的従軍拒否委員会の議長であるイシャイ・メニューヒンに与えられた）。

ウルフが死んだとき、ソンタグは九歳くらいだった。ニューヨークのチェルシー界隈のアパートの最上階にある部屋で私がソンタグに会ったとき、彼女は七十歳だった。窓からはガーゴイル[6]の背面が見え、テーブルにはスピーチの原稿の断片が山と積まれていた。私は原稿を読みながら、湿気た味のするたんぽぽ茶を飲んだ。たぶん戸棚に何十年も入っていたものだと思うけど、エスプレッソ以外の飲み物の選択肢はそれしかなかったから。彼女は、たとえ無駄だとしても道義的原則にのっとって抵抗すべきだという持論について話していた。私はちょうど書くことの希望について論を練りはじめたところで、自分の行動が無駄になるかどうかはわからない、と主張した。未来の記憶なんてあらかじめ知ることはできないし、実際、未来は暗い。それが未来にとって最良の形なのだ。つまるところ、私たちはいつも闇の中で行動する。自分の行動は予想も想像もできなかった結果を生むかもしれない。自分が死んだずっとあとになって結果が出るかもしれない。多くの作家の言葉が共鳴し合うのは、そういうときだ。

　つまるところ私たちはそこで、七十五年前に死んだ女性の言葉を再検討していたわけだ。彼女は死んでいたけど、ある意味、多くの人の想像力の中では生きていて、会話に参加し、主体性を持って社会に影響を与えていた。二〇〇三年の春にトムディスパッチで公開され、数年後に『同じ時のなかで』に収録された抵抗についてのスピーチの中の一節で、ソンタグはソローが死後与えた影響とネヴァダ核実験場にふれている（そこは千発以上もの核爆弾が落とされ、私自身一九八八年以降数年にわたって、核武装競争に反対する大規模な市民的不服従運動に身を投じてきた場所だ）。同じ例は『暗闇のなかの希望』にも登場する。大切なのはこういうことだ。私たち反核活動家は、公的な目標であるネヴァダ核実験場の閉鎖を実現するには至らなかったが、その活動はカザフスタンの人々を触発し、一九九〇年のソビエト核実験場の閉鎖につながったのだ。まったく思いもよらない、予見不可能な出来事だった。

核実験場やその他の場所について『野蛮な夢　アメリカ西部の風景をめぐる戦争』に書いたことで、私は多くを学んだ。長きにわたる歴史の軌跡について、意図せずして生じた結果について、そして時間差でもたらされる影響力について。多くのものが合流し衝突し合う場所としての核実験場と、ソンタグやウルフのような作家たちによる具体例は、私に書くことを教えてくれた。それから何年も経って、あの日のキッチンでの会話で私が出した具体例やいくらか書きとめておいた細かいことごとを、ソンタグは道義的原則に基づく行動についての議論に組み込んだ。想像もしなかった形で、私はささやかな影響力を与えることができたのだ。その年私たちはふたりとも、ヴァージニア・ウルフに呼びかけていた。彼女の言葉を引用した本の中で私たちがともに従っていた原則は、ウルフ的と呼んでも差し支えのないものだった。

ふたつの冬の散歩道

私にとって希望の礎は、次になにが起きるのかわからないということにある。そして、起こりそうにないことや想像しがたいことが起こるのは、実は日常茶飯事だということにも。教科書には出てこない世界の歴史を見れば、熱意を持った個人や大衆運動が歴史を形づくることはできるし、また実際にそうであったとわかる。いつどのようにして私たちが勝利を収めるのか、勝つまでに一体どれだけの時間がかかるのかは、予測不可能だとしても。

絶望とは確信の一形態だ。未来はいまとほとんど変わらないか、より悪い方向に向かうに違いない、という確信の。ゴンサレスの印象的なフレーズを借りるなら、絶望とは確かな未来の記憶にほかならない。同様に楽観主義も、何が起きるかということについての確信に満ちている。どちらの立場も、人を行動に向かわせはしない。翻って希望とは、そんな記憶など存在しないし、現実は必ずしも自分の計画通りにはいかないかもしれないと理解することだ。何かを創造する能力と同じように、希望はロマン派の詩人ジョン・キーツが「ネガティブ・ケイパビリティ」と呼んだものから生まれうるものだ。

ウルフが闇についての日記を書いた日から一世紀と少し前の一八一七年のある冬の晩、詩人ジョン・キーツは友人たちと語らいながら家路についていた。のちに彼は有名な手紙の中で、この散歩についてふり返った。「私の頭の中で多くのことがぴったりと符合し、はたと気づいたのだ。特に文学において、偉業を成し遂げるのに必要な資質とはなにかということに。（中略）それはネガティブ・ケイパビリティ、すなわち、短絡的に事実や理性を追い求めることなく、不確かさや謎、疑念とともにあることができるという能力だ」。

キーツが歩き、語らう中で多くのことが符合していくさまは、彷徨が想像力を自由に働かせることにつながり、さらに創造することそのものであるような、ある理解につながっていくことを示している。さまよい歩くことは、戸外で内省を深める活動なのだ。回想録「過去のスケッチ」の中で、ウルフはこう書いている。

「ときに私は歩きながら作品をつくり上げることがあるが、『燈台へ』もまたそんな風にして、ある日タヴィストック・スクエアを歩き回っているうちにできたものだ。ものすごい勢いで、だが知らず知らずのうちにでき上がっていた。ひとつのものが現れるとすぐ次が続いた。パイプからシャボン玉が吹き出すように、アイデアや場面が私の頭の中から矢継ぎ早に現れて群れをなした。歩きながら、唇がひとりでに動いて言葉を発していたようだった。なにがシャボン玉を吹き出したのか？　なぜそのときだったのか？　まるでわからない」。

ウルフの才能の一端はこの「まるでわからない」という感覚に、このネガティブ・ケイパビリティにあるように思える。いつだか話に聞いたハワイのある植物学者にとっては、新しい種を発見するコツはジャングルで道に迷うことにあるという。つまり彼は、既知のものやノウハウを超えた場所に踏み込み、自らの知識を凌駕するような経験を重視し、計画よりも現実を選ぶのだ。ウルフもまた、先の読みがたい曲がりくねった道を歩き思考することを作品づくりに生かし、称えた。一九三〇年の珠玉のエッセイ「ストリート・ホーンティング」は、初期の他のエッセイ同様明るく軽快な筆致で書かれてはいるが、深い闇へと降りていく道行のような趣もある。

エッセイは、冬の黄昏どきのロンドンで一本の鉛筆を買いに街に出た経験を脚色して書かれている。その出来事自体架空だったかもしれない。ともあれその経験をだしに、ウルフは闇について、さまようことや発明、アイデンティティの消失について、身体が歩き慣れたコースをたどるうちに頭の中で繰り広げられる壮大な冒険について、思索をめぐらせている。「黄昏どきもまた、闇と街灯によって浮ついた感じを与えるものだ」と、彼女は書いている。「私たちはもはや自分自身ではなくなる。晴れた夕方の四時から六時くらいに家から外へ踏み出すとき、私たちは友人の知っている姿を脱ぎ捨て、無名のさまよい人たちの茫洋とした共和国軍に加わる。自分ひとりの部屋で過ごしたあとでは、その世界はとても心地よい」。ここでウルフは、アイデンティティを強化するのではなく解放するような社会の形態について、見知らぬ他人の集まりによって構成される社会や、街路でできた共和国について、無名であり自由であるという、大都市が生み出した経験について語っている。

独居房にこもる修道僧や机にむかう作家のイメージのように、内省はしばしば屋内で孤独に行われるものとして描かれがちだ。ウルフはこれに異議を唱える。家庭についての文章の中で、彼女はこう書いている。「家のそこかしこにある事物が、私たちの個人的な経験にまつわる記憶を強化する」。そしてそのような事物の例を記述したあと、こう続ける。「だが扉が閉まると、そうしたすべては消えてしまう。私たちの魂が自らの排泄物でつくりあげた、それぞれ独特の形をもつ貝殻のような覆いが崩れ去り、あらゆる皺や凹凸のあわいに残るのは、知覚の中核をなす真珠、巨大な眼のみである。冬の街路のなんと美しいことか！」

ウルフのこのエッセイは、歩くことの歴史を主題として、彷徨の歴史や動的な精神にもふれた私の『ウォークス』にも登場する。家という貝殻は自分を守ってくれもするが、監獄のようなものでもある。親しみと継続性で人を包み込み、外部を消し去ってしまうのだ。街を歩くことは社会参加の一形態になりえる。反乱やデモや革命でそうするように、みなでいっせいに歩けば、政治行動にだってなる。でも歩くことは、夢想や主観性や想像力を働かせる手段でもある。いわば外界の刺激や干渉と、内面から流れ出るイメージや欲望（そして恐怖）が演じるデュエットのようなものだ。ときに思考は、戸外での身体的な活動でもある。

このような状況下で想像力を働かせるには、邪魔されずに集中するよりも、適度に気が散っていたほうがいい。だとすれば思考は、方向性がないことでかえって働くのだといえる。まわり道をぶらぶら歩くことで、まっすぐには到達できない場所にたどり着けるのだ。「ストリート・ホーンティング」における想像力の旅路は単なる気晴らしであったかもしれないが、あてもなくさまようことによってウルフは、『燈台へ』の着想を得て、机の前に座っていてはできないような形で創作を進めることができた。創作がどうやって完成するかは予測がつかないものだ。必要なのは歩き回る空間で、スケジュールやシステムではどうにもならない。こうすれば必ずできるという決まった型などないのだ。

公共空間、都市空間は、本来は他者と関係を持つ社会の構成要員としての市民の目的に奉仕するべきものだが、ここでは個人のアイデンティティに基づくつながりや軛《くびき》を離れ、姿を消すための場所となる。ウルフは道に迷うことを称えているが、文字通り行き先がわからず途方に暮れることがいいと言っているのではない。未知のものに対してオープンであること、物理的な空間が精神的な広がりをも与えてくれることを称えているのだ。ウルフは白昼夢について、いや正確には黄昏どきの夢想について、そして別の場所で別のだれかになると想像することについて書いている。「ストリート・ホーンティング」の中で、ウルフはアイデンティティそのものについて思いをめぐらせている。

それとも本当の自己はどちらでもなくて、どこにもいないのだろうか。自己というのはさまざまな姿を持ち、ほうぼうをさまよい歩いているものだから、いっそのことしたいように任せて邪魔をしない方が、私たちは真に自分らしくいられるのではないか。日常生活で求められるのは統一性だ。便宜上、人は統合された自己を持たなくてはならないのだ。ひとりの男が夕暮れどきに扉を開けるとき、彼は銀行家やゴルフ選手や夫や父であったりする。砂漠をさまよう遊牧民や、空を見つめる神秘主義者や、サンフランシスコのスラムをうろつく放蕩者や、革命を率いる兵士や、懐疑をもって孤独な叫びをあげる追放者ではないのだ。

それでも彼はこれらすべての他者たちでもある、とウルフは言っている。そして彼の自己存在の足枷となるものは、彼女の足枷ではないのだ。

ウルフがここで求めているのは、ウォルト・ホイットマンの詩の一節「ぼくはたくさんのものでできている」をより内省的に、アルチュール・ランボーの「私とは一個の他者である」をより控えめにしたような自己のありかただ[8]。アイデンティティを統合することはそれ自体限定し、抑圧することにほかならず、彼女はそのように強いられることのない日常を求めている。ウルフが小説の登場人物に多様な自己を与えているというのはよく言われることだが、エッセイにおいても探求心と批評的な姿勢をもって同じような自己のありかたを実践している、ということにふれる人は少ない。複数であること、単純化できないこと、そしておそらくは謎に対するこだわりにおいて、ウルフはそのような自己を称え、拡大し、要請しているのだ。謎とは変成し続け、限界を超え、境界を持たず、もっとたくさんのものになろうとする力にほかならないのだから。

ウルフのエッセイ群はこのような解き放たれた意識、不確定性原理についてのマニフェストであり、その原理を実践し探求したものでもある。それらは反批評のモデルとしても読める。というのも私たちは、批評の目的とはなにかを明確に意味づけすることだと考えがちだから。美術批評をやっていたころよく冗談で、美術館がアーティストを愛するのは、剝製師が鹿を愛するのと同じだと言っていたものだった。美術業界と呼ばれる閉じた空間で働く人々の多くは得てして、はっきりした意味もなく漠然として冒険心に満ちたアーティストの作品を、確実に所有し、安定させ、確かで限定的なものにしようとする欲望を持っていたからだ。

作品の理解しにくさやアーティストの意図や意味のあいまいさを徹底して解消しようとする姿勢は、文学批評やアカデミックな研究にもみられる。不確かなものを確かにし、知りえないものを知り、空に飛び去ろうとするものを皿の上のロースト肉に変え、分類し所有しようとする欲望だ。分類できないものは、批評の対象にすらならないこともある。

つながりや多様な意味を認め、さまざまな可能性を招き入れることによって芸術作品を豊かにすることをめざす一種の反批評も存在する。卓越した批評とは、芸術作品を解放し、さまざまな角度からの解釈を可能にし、新鮮さを保ちつつ、作品との終わることのない対話にいそしみ、想像力を豊かにしてくれるものだ。

解釈に抗うのではなく、閉じてしまうこと、作品の真髄を殺してしまうことに抗う。そのような批評は、それ自体が偉大な作品だ。

こうした批評は批評家とテクストを対立させることも、権威を求めることもしない。むしろ作品やそのアイデアとともに旅をし、作品が花開くよう差し向け、以前は作品と批評家の間でのみ行われていた対話にほかの読み手たちも招き入れ、見たこともない関係性を描き出し、鍵のかかった扉を開けようとする。こうした批評は芸術作品が内包する本質的な謎に敬意を払う。謎は作品の持つ美や歓びの一部であり、美も歓びも、単一の意味に還元できない主観的なものだ。最悪の批評は、最後の一撃を加えて私たちほかの読み手を沈黙させてしまう。逆に最良の批評は、終わりなど必要ない対話へと開かれている。

解放

ウルフはテクストを、想像力を、フィクションの登場人物を解放し、同じような自由を私たち読者、とりわけ女性読者に与えてくれる。これこそが、私にとってもっとも大切なウルフの核心だ。ウルフが常に称える解放は、公的でも制度的でも理性的でもない。大事なのは見慣れたもの、安全なもの、既知のものを超えて、もっと広い世界へ到達することだ。彼女が求めた女性の解放は、単に制度の中で男性がしていたことを女性もできるようになる（いまでは実際そうなっているが）だけではなく、女性が地理的にも想像の中でも、真に自由に動き回れるようになることでもあった。

それを可能にするためには、自由や力をさまざまな形で実践しなくてはならない、と彼女は認識していた。もっぱら部屋と収入についての議論ばかりが取り沙汰される『自分ひとりの部屋』[9]でもそうだ。かの劇作家の呪われた妹、ジュディス・シェイクスピアの魅惑的だが残酷でもある物語を通して、ウルフは大学教育や世界を丸ごと創造することの必要性についても語っている。「彼女は技術を磨くのに必要な訓練も受けられなかっただろう。それどころか酒場で夕食をとることも、真夜中に街路をうろつき回ることもかなわなかっただろう」。酒場の夕食に、真夜中の街路。都市生活で得られる自由は、アイデンティティを定義するのではなく失うという、自由そのものにとって決定的な要素を含んでいる。何世紀にもわたってジェンダーを変えながら生き続ける小説『オーランドー』の主人公はおそらく、意識やアイデンティティやロマンスや空間についてのウルフの理想、つまり完全な自由さをもってさまよい歩くことを体現していたに違いない。

解放をめぐる問題は、講演「女性にとっての職業」にも別の形で登場する。その中でウルフは家庭の天使、つまり自分を犠牲にして他人の要求や期待に応える理想化された女性をいかにして殺すかについて、笑えるほどの残酷さで語っている。

私はありったけの力で彼女を殺しました。もし法廷に召喚されたら、正当防衛を主張したことでしょう。(中略)

家庭の天使を殺すことは、女性作家の仕事の一部でした。天使は死にました。では、残されたのはなんでしょうか。なにか素朴でありふれたもの、たとえば寝室でインク壺を手にした若い女性だ、とおっしゃるかもしれませんね。言い換えれば、虚飾をはぎ取ったいま、この女性は彼女自身でありさえすればいいのです。ああ、そうはいっても、「彼女自身」とは一体なんでしょうか？　女性とはなんでしょう？　ありていに言って、私にはわかりません。あなた方にもわからないでしょう。

ここまで読めば気づくだろうが、ウルフはかなりの頻度で「わからない」と言っている。

「家庭の天使を私は殺したのです」と彼女は続ける。「問題は解決しました。彼女は死んだのです。でもふたつめの問題、つまり私自身の身体としての経験について真実を語ることは、まだ解決していません。どんな女性もまだこれを解決できてはいないでしょう。女性を阻む障害はいまだとてつもなく強力ですし、見定めがたいものなのです」。ここでウルフが気高い不服従を打ち出す調子は圧巻だし、真実は身体的なものだと語っていること自体、革新的だ。彼女の語り以前には、このふたつをつなげて考えることなど想像もつかなかったはずだ。ジョイスなどに比べると、彼女の作品における身体の具象化は控えめなものだ。エッセイ「病むことについて」で、健康な人々が気づかないことに気づき、テクストを新鮮な視点から読み、自らを変容させることができるという点で、病んで力なき状態は解放的だと語っているのは、すぐれてウルフ的だ。もちろん同じエッセイには、力を得る可能性についても書かれてはいるが。私が知るウルフ作品はすべてオウィディウスの変身物語のようなところがあり、そこで追い求められる自由とは、なにかになり続け、探求し、さまよい、限界を超えていくことの自由だ。彼女はまるで、縄抜け曲芸師だ。

具体的な社会変革を求めることにおいて、ウルフ自身革命的だった（もちろん彼女にも階級や時代、場所から生じる限界や盲点はあり、自身でも把握しきれないところもあった。私たちにだって、のちの世代に批判されるかもしれない盲点はあるだろう）。だが彼女にとっての理想は、内面や感情、知性の解放だったのだ。

私自身ここ二十年あまり言葉を紡ぐことで生活してきて、言葉を使って物事の根底にある白黒つかないことや、計算できないこと、歓びをもたらすものや分類不可能な意味について描写しようと試みてきた。友人のチップ・ワードは「計量可能性の暴力」という表現を使い、計量できないものよりできるものがほとんど常に重視されるさまについて語っている。公益より私益、楽しみや質よりもスピードと効率性、謎や意味よりも実利。だが謎や意味の方が私たちのサバイバルにとって役立つ。いやそれどころか、私たちが死んだあとも残るような目的や価値によって、存在に値するような文明をつくり出していく人々にとっても役立つのだ。

計量可能性の暴力は、ひとつには言葉や言説が、より複雑で微妙で流動的な現象を描写しようとして失敗することにあり、また意見形成や意思決定を行う人々が、定義しがたいものを理解し価値を見定めることができないことにもある。名づけたり描写したりできないものの価値を見定めるのは難しく、ときには不可能ですらある。だからこそ名づけること、描写することは、資本主義と消費主義の現状に対する反乱における本質的な営みなのだ。究極的には、地球環境の破壊の原因の一端は、いやもしかするとその多くは、想像力の欠如や、本当に大切なものを数えることはできない会計システムによって、想像力の重要性が見えなくなっていることにあるのかもしれない。この破壊に対する反乱は、想像力による反乱だ。それが称えるのは白黒つかない微妙さであり、金では買えず、大企業が意のままに操ることのできない歓びだ。意味の消費者より生産者であること、ゆっくりとさまよい歩き、まわり道を選ぶことだ。探求心と、超自然的な力と、不確かさだ。

最後にウルフの文章を引用して終わろう。友人の画家メイ・スティーブンスが贈ってくれたもので、彼女の絵画のひとつにはその文章が書き込まれている。同じ文章は『迷子になるためのフィールド・ガイド』でも引用した。メイの絵にはウルフの長い文章が流れる水のように描かれていて、それらは私たちを押し流しては浮き上がらせる根源的な力となる。『燈台へ』で、ウルフは書いている。

いまはもう、だれのことも考えなくていい。自分自身で、ひとりきりでいられる。近頃はそうしなくてはならないと思うことがよくあった。考えるために――いえ、考えるためですらない。黙っているため、ひとりになるために。あらゆる存在や行為、拡がりをもち、きらめき、声を発しているものは蒸発してしまった。そのとき人はある種の荘厳さをもって自分自身になり、楔形の闇の中心へ、ほかの人たちには見えないなにかへと収縮していく。背筋をのばして腰かけ、編み物を続ける間にも、心の中ではそんな風に感じていた。そしてくっついているものをすべて取り払ってしまうと、自己はどんな不思議な冒険でも自由に受け入れることができる。生命が少しの間動きを止めると、経験できることの範囲は果てしなく思える。（中略）その下には闇が四方に拡がっていて、底知れない深さだった。でもときどき私たちは表面へと浮かび上がってくる。それが、他人から見た自分というものだ。地平線は果てしなく拡がっているように思えた。

ウルフは私たちに果てしなさを与えてくれた。掴むことができないのに、抱きしめようとせずにはいられないような、水のように流れ、欲望のように止まることのない果てしなさを。道に迷うためのコンパスを。

訳注

▼1――ヴァージニア・ウルフは英国のモダニズム期の代表的作家。『ダロウェイ夫人』（一九二五）、『波』（一九三一）といった長編小説に加え、本章の後半でも言及されるフェミニズムの先駆的エッセイ、『自分ひとりの部屋』（一九二九）でも知られる。

▼2――ローレンス・ゴンサレスはアメリカの作家、著述家。『緊急時サバイバル読本　生き延びる人間と死ぬ人間の科学』（二〇〇三）が有名。ソルニットの引用も本書からのもの。

▼3――スティーヴンはウルフの旧姓。一九一二年にユダヤ系の作家レナード・ウルフと結婚している。

▼4――『三ギニー』はウルフがある弁護士の男性から受け取った手紙への返答として書かれている。その中でウルフは、男性が自分と彼女を「我々」と名指していることを批判し、同じ戦争という事象に対しても、ジェンダーにより反応が異なる可能性を示している。

▼5――オスカル・ロメロはエルサルバドルのカトリック大司教。内戦下の人権侵害を告発し

て低所得層の圧倒的支持を受けたが、のちに暗殺された。

▼6――ガーゴイルはニューヨークの建築に多く見られる、怪獣型の雨水の落とし口のこと。

▼7――ウルフの原文は、正しくは「知覚の中核をなす牡蠣（central oyster of perceptiveness）」。

▼8――ホイットマンの引用は代表作『草の葉』（一八五五）から、ランボーの引用は「見者の手紙」と呼ばれる一八七一年の書簡から。同じ書簡の中でランボーは、詩人はあらゆる感覚を攪乱することで「未知のもの」に到達することができると述べている。

▼9――『自分ひとりの部屋』は「女性が小説を書くためには、年収五〇〇ポンドと鍵のかかる部屋が必要」という主張で有名なエッセイ。ジュディス・シェイクスピアは、もしシェイクスピアに才能ある妹がいたら兄と同種の創作の機会を得られたか、という仮定のもとに、同じエッセイの中に登場する。

7　変態に囲まれたカサンドラ

真実を告げても信じてもらえなかった女性、カサンドラの物語は、オオカミ少年の物語ほど私たちの文化に根づいているとは言えない。少年の方は、同じ嘘をつき続けても最初の数回は信じてもらえた。彼女の物語は、もっとよく知られていいはずだ。トロイの王女カサンドラは、正確な予言能力を持ちながら、だれにも信じてもらえぬ呪いをかけられた。親族たちは彼女を狂った嘘つきだと思い、神話のいくつかのヴァージョンでは、幽閉してすらいる。カサンドラはのちに戦利品としてアガメムノンに連れ去られ、彼もろともあっけなく殺されてしまう。

ジェンダーの戦争で荒波を漕ぎ進みながら、私はカサンドラのことをよく考える。この戦争では信頼されることはとても大事な力だし、あまりにもしょっちゅう、女性はひとしなみに信頼性に欠けると非難されているから。

たいして珍しいことではない。女性が男性、特に体制の中心にいる人物を批判すると、女性の主張が事実であるかどうかはおろか、話をする能力やその権利があるかどうかまで疑いにかけられる。何世代にもわたって女たちは、現実が見えていないとか、混乱しているとか、人を操ろうとしているとか、悪意に満ちているとか、陰謀を企てているとか、もともと不正直な性格だとか、大概その全部に当てはまるとか言われてきた。

興味を引かれるのは、躍起になって女性を否定しようとするその衝動がいったい何なのか、そして女性は支離滅裂でヒステリックだと常日頃から言い立てる身ぶりそのものが、支離滅裂でヒステリックであることだ。連邦議会で民主党に対して避妊薬に保険を適用することの必要性を証言したサンドラ・フルークを「あばずれ《スラット》」とか「売春婦」呼ばわりし、どうやら避妊薬がどう働くのかそもそもわかっていないらしいラッシュ・リンボー[1]の方こそ、ヒステリックだと言われることが時にはあってもいいんじゃないか。一貫性のない発言はお手のもので、事実を理解する能力に欠け、いつもキレてばかりのラッシュ・リンボーが。

殺虫剤の危険性を説いた歴史的な著作、『沈黙の春』を書いたレイチェル・カーソンも同じことを言われた。カーソンは綿密なリサーチに基づいて膨大な脚注つきの本を書き、その議論は予言のようにのちの状況を言い当てていたと、いまでは考えられている。だが化学企業は彼女の言い分が気に入らず、女性であることは、いわば彼女のアキレス腱のようなものだった。一九六二年十月十四日、アリゾナ・スター紙は「『沈黙の春』はヒステリックな抗議運動を助長する」と題した書評を掲載した。その前月にはタイム誌が、DDTは人体にまったく悪影響を与えないとする記事の中で、カーソンの著作を「不公平で、一方的で、ヒステリックなまでに誇張された」ものだと述べた。「多くの科学者はカーソン女史の（中略）自然のバランスに対する神秘主義的なまでのこだわりに共感する。だが彼女の感情的で不正確な糾弾は（中略）害になるかもしれないと、彼らは懸念している」と書評子は書いた。忘れられているみたいに聞こえるが、カーソンも、科学者だったのだが。

「ヒステリー」はギリシャ語の「子宮」に由来する。極端に感情的な状態は子宮が動き回ることで引き起こされると、かつては考えられていた。いまでは単に取り乱して、わけがわからず、混乱した状態を指すこの症状が男性に当てはめられることは、言葉の定義上ありえなかったわけだ。十九世紀後半には、ヒステリーは最も多い症例のひとつだった。フロイトの師にあたるジャン＝マルタン・シャルコーはヒステリーと診断された女性たちの苦しみに光をあてた。いくつかのケースでは女性たちは虐待と、その結果としてのトラウマと、原因を説明できない症状に悩まされていたようだった。

若きフロイトにとって何人もの患者たちの症状は、幼年時代の性的虐待に起因しているように思われた。彼女たちはある意味、語りえないことを語っていたのだ。今日でも戦時や家庭生活における極度のトラウマが社会規範や被害者の心理を激しく傷つけ、当事者がどう語っていいかわからず苦しむケースはある。拷問と同じように、性的暴行は被害者の身体の統合性や、自己決定や、自己表現の権利に対する攻撃だ。被害者の存在を消し去り、沈黙に追いやってしまう。被害者の声と権利をかき消そうとする。被害者はこの壊滅的状態から立ち上がってようやく、語ることができる。

物語を語り、その内容と語り手の存在を認識してもらい、敬意を払ってもらうことは、いまでもトラウマに打ち勝つ最良の方法のひとつだ。驚くべきことに、フロイトの患者たちは苦しみを語る術を見出し、最初のうちは彼も耳を傾けていた。一八九六年に彼は書いている。「それゆえ私は、あらゆるヒステリーの症例の根底には、一度か複数の早すぎる性体験が関わっているという理論を提出する」。のちに彼は自説を撤回する。もし患者の言い分を信じるとすれば、「すべてのケースにおいて、私自身の父をも含むあらゆる父親が、性的異常者として告発されねばならなくなる[2]」。

フェミニスト精神分析学者のジュディス・ハーマンは『心的外傷と回復』の中でこう書いている。「書簡集を読めば、フロイトが自分の仮説の社会的な意味合いの急進性にたじろいでゆくのがわかる。（中略）ジレンマに直面したフロイトは、自分の女性患者たちの話に耳を藉《か》すことをやめた」。もし患者たちが真実を語っているとすれば、彼女たちを助けるためには、家父長的な権威体系全体を敵に回してしまうことになる。ハーマンはのちにこうも述べている。「自説をとめどなくふくらませていったときと同じ頑固さとしつこさをもって、フロイトは、女性たちは嘆き訴えるけれども、実は虐待的な性体験を切望しており、それを妄想し続けているのだと主張した」。あらゆる性的異常の権力者や女性に対する犯罪に手を出す男たちにとって、都合のいいアリバイができてしまったようなものだった。女が望んだんだ。妄想したんだ。自分でも何を言っているのかわかっていないまま。

ダンテの地獄同様、沈黙のプロセスは同心円状になっている。一番内側には内面における禁止や自己懐疑、抑圧、混乱と恥の意識があり、語ることをとても難しく感じるか、まったくできなくなってしまう。次に来るのは、語ることで罰せられたり追放されたりしてしまうのではないかという恐怖だ。ダートマス大学哲学科の学科長、スーザン・ブライソンは、一九九〇年に見知らぬ男にレイプされた。男は彼女を売女と呼び、黙れと言っては何度も首を絞め、石で頭を激しく殴りつけ、彼女が死んだものと思い、その場を去った。あとになってその経験について語ろうとすると、いろんな問題が起きた。「レイプの経験について語り、書くことには決めたが、実際にそうできるかは別の話だった。気管断裂症が癒えてからも、うまく話せないことがよくあった。完全に言葉を失ったわけではなかったが、友人のひとりが言ったように、発作的に「言葉の断裂症」になることがよくあり、震えと吃音が出て、簡単な文を話すのにも、ちぎれたネックレスのように言葉がばらばらになってしまうのだった[3]」。

外側の円は、語ろうとする人物を辱め、懲らしめるか、ときには実際に死に至るほどの暴力をふるうことで黙らせようとする力だ。ここにいまとりわけ多いのは、高校や大学で起きるレイプの数々の被害者たちだ。多くのケースでは、これらの若い女性たちは、起こったことを話さないよう迫られ、脅される。なかには自殺を図ろうとする者もいる。起こったはずの犯罪が、捜査に至ることも罰せられることもない。近頃では合衆国の多くの大学で、レイプ犯たちが罰を受けることもなく卒業していく。

一番外側にある円では、被害者は自らの経験について語るし、直接沈黙に追いやられることはない。だが、物語の内容と語る人物の信頼性が傷つけられる。この領域がいかに悪意に満ちているかを見れば、フロイトが寛容な態度で患者に耳を傾けていたわずかな時期も、いつわりの夜明けに過ぎなかったことがわかる。女性が性犯罪について語るときに限って、その権利や語る能力に攻撃が加えられるのだから。この時点までくると、広がってゆく円はほとんど自己反復的になっていて、そこには実に明確な、歴史に基づいたパターンがある。

はじめてそのパターンに対して意識的に異議申し立てがなされたのは、一九八〇年代のことだった。いまの私たちは、一九六〇年代についてはいやというほど聞かされているが、一九八〇年代の革命的変化は、ほとんど見過ごされているか忘れられている。世界の国々や、寝室や、教室や、職場や、ストリートや、(フェミニズムに影響を受けた合意形成と、序列を否定する反全体主義的手法に基づく)政治的組織作りのプロセスにおいて、いわば政権交代が起きたのだ。すさまじい時代だった。あの時代のフェミニズムは厳格なまでにセックスを否定するものとしてしばしば批判される。当時のフェミニストたちがセックスは権力の場であり、その権力はしばしばしば虐待に通じることを看破し、そうした虐待のあり方を詳しく描き出してみせたからだ。

フェミニストたちは法律にだけかまけていたのではないが、一九七〇年代半ばから、かつては認識されていなかった違法行為のカテゴリーを網羅的に定義し、命名してきた。そうすることによって、権力の濫用が深刻な問題であることを知らしめ、男たち、つまり上司や夫や父親や大人一般の権威に疑問をつきつけたのだ。フェミニストたちはレイプやドメスティック・バイオレンスに加え、近親相姦や児童虐待をめぐる物語についても、基本的枠組みとサポートのためのネットワークを構築した。それまで沈黙を強いられていた人々が自分の経験を語ったことは、私たちの時代に次々と物語が生み出されることにもつながった。

あの時代で厄介だったのは、どうやって子どもに耳を傾ければいいのか、どういう質問をすればいいのか、自分自身や、セラピーを受けている大人たちの記憶をどのようにたぐり寄せたらいいのか、誰にもわからなかったことだ。一九八三年にロサンゼルス地域の母親が自分の子どもが虐待されていると訴え出て、悪名高いマクマーティン保育園裁判が始まった。この国の歴史上もっとも長く、もっとも高額の費用を要した裁判のひとつだ。[4]権力側はこの状況に飛びついたばかりか、親たちには自分の子どもに対して誘導尋問をするよう仕向け、セラピストを雇って数百人の幼児たちにインタビューさせ、誘導尋問や、ご褒美や、人形や、その他さまざまな道具とテクニックを使って、子どもたちが悪魔崇拝の儀式に供されて虐待されたという荒唐無稽な物語をつくり上げた。

　マクマーティン裁判の混乱に満ちた尋問の顚末は、しばしば子どもたちが信頼できない証言者で、妄想癖のある嘘つきであることの証拠として持ち出されるが、かのケースでは大人の方が問題だったということは思い出した方がいい。法学者ダグ・リンダーによると、あるインタビューで検察側は、子どもたちがあれよあれと性的虐待の話に尾ひれをつけ始めたのに気づいたという。検察としては「こんな話につき合って法廷にいるべきではない」と感じたといい、その一方で、無罪につながるかもしれない証拠が出てきても表に出さなかった、ともつけ加えた。それでも長きにわたる裁判と、のちに起こされたもうひとつの訴訟で、訴えられた側は無罪になった。そのことはほぼ忘れ去られているが。

　一九九一年十月十一日、上院司法委員会の公聴会で証言するため、ある法学者が召喚された。それはジョージ・W・ブッシュによって最高裁判所判事に任命されたクラレンス・トーマスを承認するための会だった。証言者はアニタ・ヒルだ[▼5]。ヒルが当時私的になされたインタビューで、またその内容が報道にリークされてから公聴会でも語ったのは、かつて上司だったトーマスが、自分の見たポルノや性的妄想について語るのを何度も聞かされた、ということだった。彼は自分とつき合うことを彼女に強要したともいう。断ると、「彼は私の説明を正当なものとして受け入れてくれませんでした」と、ヒルは語った。まるで「ノー」ということ自体が正当な返答ですらないように。

　彼の行いに対して何の策も講じなかったことで、当時ヒルは非難されたが、フェミニストたちがセクシュアル・ハラスメントという用語を生み出し、使い始めたのはつい最近の話だということは思い出すべきだろう。そして最高裁が職場でのその種の行為を違法だと認めたのは一九八六年で、ヒルの証言にある事件が起きた後のことだった。一九九一年にそれについて語ったとき、彼女は手厳しく、怒りをもって攻撃された。質問者はすべて男性で、共和党でもとりわけふざけがちで、疑い深く、バカにした態度を取る人物たちだった。アーロン・スペクター上院議員は、ある証言者に尋ねた。この人物はヒルとたったの二度、つかの間対面したことがあるだけなのに、彼女がトーマスに性的妄想を抱いていたと証言しようとしていた。「ヒル教授はトーマスが彼女のことを想像したり妄想したりしたと言っていますが、逆であった可能性はありますか？」またしてもフロイトの枠組みの焼き直しだ。何かおぞましいことが起これば、女がそれを望んでいたことにされる。あるいは、そもそも女には事実と妄想の区別がつかないとか言われるのだ。

国中が議論で紛糾し、一種の内戦に陥った。多くの女性にとってハラスメントなどは日常茶飯事で、それを報告することでかえってしっぺ返しをくらうこともちゃんとわかっていたが、多くの男性にはピンと来ないようだった。短期的には、ヒルは屈辱的な経験を強いられ、トーマスはいずれにしろ判事に就任した。もっとも大っぴらな批判を展開したのは保守派のジャーナリスト、デヴィッド・ブロックだ。[6] 記事一本にはじまって、ヒルを非難する本をまるごと一冊書き上げた。十年後、ブロックは当時ヒルを攻撃したこと、右派を支持していたことを悔いてこう書いている。「ヒルの信頼性を傷つけるためなら何でもした。トーマス陣営から提供されたありとあらゆる差別的で互いに矛盾するような訴えを、ごちゃまぜに書き連ねたのだ。（中略）ヒルは「ちょっとイカれていて、ちょっとだらしない」などと書いていた」。

長期的には、「アニタ、あなたを信じるわ」はフェミニストのスローガンとなり、職場でのセクシュアル・ハラスメントを認識し、対応するうえでの革命を起こした人物として評価されている。公聴会の一か月後、連邦議会は一九九一年公民権法を通過させ、その中にはセクシュアル・ハラスメントの被害者が、与えられた損害と遡及賃金をめぐって雇用者を訴えることを認める条項も含まれていた。人々が職場での虐待について語る術を見つけると、ハラスメントの訴えが飛躍的に増えた。一九九二年の選挙戦は通称「女性の年」で、上院でも下院でもかつてないほど多くの女性議員が生まれた。いまもなお上院で唯一のアフリカ系女性議員であるキャロル・モズリー・ブラウンもそのひとりだ。

しかしいまだに、男性のよからぬ行為について女性が不快感を表明しようものなら、たいていの場合は妄想癖があるとか、悪意に満ちた陰謀論者だとか、病的な嘘つきだとか、冗談もわからずに不平をたれるとか、その全部に当てはまるとか言われるのだ。こうした反応の大きな破壊力は、フロイトの壊れたやかんのジョークを思い出させる。ある男が、借りたやかんを壊して返したといって隣人に非難され、こう答える。返したときは壊れていなかった。いや、借りたときにはもう壊れていた。そもそもやかんなんて借りてない。女が男を批判すると、男もその肩をもつ者たちも、このように躍起になって抗議する。かくして女の立場は、壊れたやかんのようなものになる。

今年ですら、養父ウディ・アレンによって性的虐待を受けたと繰り返し訴えたディラン・ファローは、もっとも壊れ方がひどいやかんにされた。▼7 多くの批判者が現れた。アレンは長たらしい反論を公開し、ディランが言うように屋根裏部屋で彼女を乱暴したなんてありえない、なぜなら自分はあの部屋が嫌いだったからだ、と述べた。アレンによれば、娘は母親のミアに担ぎ出されていろいろ「吹き込まれた」という。ディラン・ファローの告白をゴーストライターとして書いたのはミアその人で、屋根裏についての歌から着想を得たのも彼女に「違いない」と。そこにはさらなるジェンダー間の隔たりがあった。多くの女性は若い女性の言うことを信じ、一方多くの男性は、虚偽の訴えであるかどうかにばかり注目し、訴えが嘘であるケースは山ほどあると誇張した。まるでマクマーティン保育園裁判とその顛末についていつわりの記憶を持つ人々が、裁判の亡霊を召喚したかのようだった。

ハーマンの『心的外傷と回復』の、レイプや児童の性的虐待や戦時のトラウマについて語った個所に、以下の記述がある。

秘密を守らせ沈黙させることは、加害者の第一の防衛線である。秘密が暴かれた場合には、加害者は被害者の証言の信頼性を否定する。被害者の口を完全につぐませることができなければ、加害者は、だれも彼女に耳を傾けないように仕向ける。（中略）残虐行為のたびに、わかりきった同じ内容の弁明が繰り返される。訴えのようなことは起こっていない。被害者は嘘をついている。被害者が自分で招いた結果だ。そしていずれにしろ、過去は忘れて前向きに生きるべきだ。加害者が権力者であればあるほど、現実を名づけ定義する力は強まり、その論法がすっかりまかり通ってしまう。

私たちの時代では、そういう論法が常にまかり通るとは限らない。いまはまだ、だれが語り信じてもらう権利を与えられるかをめぐる戦いの時代だ。双方の陣営が、プレッシャーをかけ続けている。男性の権利運動や広く信じられている誤った情報により、根拠のない性的暴行の訴えが氾濫しているという説が現れている。[1] 女性は概して信頼できず、虚偽のレイプの訴えは深刻な問題であるという前提は、個々の女性を沈黙させ、性的暴行についての議論を避け、男性を第一の被害者扱いするために利用されている。このやり口は不正投票のそれにも似通っている。合衆国ではこの犯罪はほとんど起きず、選挙結果に何がしかの影響を及ぼすことも長らくなかった。それでも、不正が広まっているという近年の保守派の主張は、自分たちに投票しなさそうな特定の有権者――低所得者、非白人、学生――から選挙権を奪うために利用されている。

女性や子どもは嘘をつかないと言いたいんじゃない。男も女も子どもも嘘をつくのは同じだ。だが後者のふたつのカテゴリーに特に嘘つきな傾向があるわけではない。そして中古車セールスマンやミュンヒハウゼン男爵からリチャード・ニクソンに至るまで、男性が特別な誠実さを持っているわけじゃない[8]。私が言いたいのは、女は不正直で何を考えているのかわからないというこの古臭い枠組みは、いまだにうんざりするほど使われているし、それを正しく認識しなくてはならないということだ。

ある有名大学でセクシュアル・ハラスメント講習を担当する友人によると、キャンパス内のビジネススクールでプレゼンテーションをしたとき、年嵩の男性教授がこう聞いてきたという。「なぜたったひとりの女の証言で調査をはじめなきゃならないんだ？」彼女は似たような経験を何度もしているし、学生から職員、教員、研究者までさまざまな女性から、自分より地位の高い加害者に対して不利な証言をするのがいかに難しいか聞かされている。

この夏、反民主主義的コラムニスト、ジョージ・ウィルは「キャンパスでのレイプの氾濫は仮説」に過ぎないと主張し、大学やフェミニストやリベラル派が「よってたかって被害者を特権的な立場に仕立て上げたせいで、被害を訴え出る人間が増えている」とも語った。若い女性たちはツイッターで#サバイバーの特権（#survivorprivilege）というハッシュタグをつくって対抗し、さまざまな言葉を投稿した。「ＰＴＳＤやひどい不安や鬱を抱えて生きるのが特権だとは知らなかったわ」、「話したってみんなに嘘つき呼ばわりされるんだったら、**#静かにしとくべき？**（#ShouldIBeQuiet）」と。ウィルのコラムに新しいところはほとんどない。女はもともと信頼できず、あらゆるレイプ訴訟には何ひとつ見るべきものはなく、忘れて前に進むべきだという昔ながらの考えは健在なのだ。

似たような経験の縮小版なら、私にも去年起きた。二、三年前に書いた一九七〇年代のカリフォルニアについてのエッセイからの抜粋をソーシャルメディアに投稿すると、即座に金持ちの教養人だという見知らぬ男がフェイスブックで私をこき下ろしたのだ。当時の自分の身に起きたこと（ティーンになろうとしていた頃に、ヒッピーの成人男性たちに言い寄られた）について書いたくだりが気に入らなかったらしい。その怒りと、自分の判断能力に関する根拠のない自信たるや、驚くべきものがあった。男はこうも言った。「あんたはFOXニュースのレポーター程度の証拠しか出さずに事実を大きく誇張している。感じたことをそのまま本当だと言ってるんだろうが、こっちに言わせりゃそんなのはクソだね」。私は証拠を出すべきだったのだろうか。まるで何十年も前に起きた数々の出来事にも証拠が必要であるかのように。やれ、事実を歪めて伝える悪人だの、主観的なくせに自分が客観的だと信じているだの、感じているだけなのに感覚を思考や知識とごっちゃにしているだの。うんざりするほど見慣れた言い分とキレ方だ。

信頼性を傷つけようとするこのパターンを認識し、名づけることができたら、女性が発話するたびに信頼性をめぐる同じような対話を繰り返さなくてもよくなるはずだ。カサンドラについて、もうひとつ。もっとも有名な神話のヴァージョンでは、彼女の予言を誰も信じなくなったのは、アポロにかけられた呪いのせいだった。彼とセックスするのを拒否したから、呪われたのだ。信頼性を失うことと、自分の身体に対する権利を主張することは、ここでも結びつけられている。

だが現実を生きるカサンドラたちのために、私たちはだれを信じ、なぜそうしなくてはならないかを心に決め、呪いを解かなくてはならない。

原注

[1]——レイプに関する虚偽の訴えは現実に存在するが、比較的まれである。ただし冤罪経験者の物語は、聞くだにおそろしいものだ。英国検察局の二〇一三年の調査によれば、調査期間中に起訴に至ったレイプが五千六百六十一件であったのに対し、虚偽の訴えは三十五件のみだった。二〇〇〇年の米国司法省の報告は、合衆国での件数の概算を示している。年間のレイプ件数は三十二万二千二百三十件であり、そのうち警察に報告されたのは五万五千四百二十四件、逮捕が二万六千二百七十一件、起訴が七千七件である。実刑判決が出たのは、統計に入れられたレイプのうちわずか二％超、報告されたうちの一二％である。これらの件数のうち、虚偽のものは間違いなく少数だろう。

訳注

▼1——ラッシュ・リンボーは、過激な発言で知られる米国の保守派のトークショー・ホスト。ジョージタウン大学のロースクールの学生だったサンドラ・フルークの連邦議会での証言をめぐって彼女を罵倒し、物議をかもした。

▼2——ひとつめの文は一八九六年発表の「ヒステリーの病因について」（高橋義孝・生松敬三他

訳『精神分析について　フロイト著作集10』〔人文書院、一九八三年〕所収）からの引用。ふたつめのものは一八九七年九月二十一日のフロイトの手紙からの引用。

▼3――スーザン・ブライソンは哲学者でダートマス大学教授。引用文はみずからのレイプ体験をベースに性的暴力について論じた二〇〇二年の著書『余波について　暴力と自己の再創造』（*Aftermath: Violence and the Remaking of a Self*）からの引用。

▼4――マクマーティン保育園裁判は、ロサンゼルス在住女性ジュディ・ジョンソンが、自身の子どもが保育園で虐待されたと主張してはじまった。後にジョンソンが統合失調症を患い証言能力に欠けることが判明したほか、検察側が誘導尋問などにより、虐待され悪魔崇拝の儀式に使われたと証言するよう、多くの子どもたちを仕向けたことが明らかになった。のちに訴えられた人物たちはすべて証拠不十分で不起訴となったが、史上最大の冤罪事件として記憶されている。

▼5――弁護士で法学者のアニタ・ヒルは、当時の上司だった最高裁判事候補クラレンス・トーマスの就任に向けた公聴会で、トーマスから受けたセクシュアル・ハラスメントやしつこい性的な誘いの末に関係を持つことを強要されたことについて語った。ハラスメントを受けたにもかかわらずトーマスの部下にとどまったことでヒルは激しい批判を受けたが、地位の高い人物と関係を保つことがキャリア上避けられないと判断した、とヒルは振り返った。

▼6――保守派ジャーナリストとしてキャリアをスタートさせたデヴィッド・ブロックは、一九九二年にアメリカン・スペクテーター誌に発表した記事をもとに、翌年ヒルを厳しく批判する『アニタ・ヒルの真実』（*The Real Anita Hill*）を出版した。本文中で触れられているのはこの本のこと。のちにブロックはリベラル派に転じ、ビル・クリントンを

はじめとする民主党支持に回った。

▼7――一九九二年、米国の映画監督ウディ・アレンの養女ディラン・ファロー（当時七歳）は、養父から性的暴行を受けたとして訴訟を起こし、一大スキャンダルとなった。アレンは元パートナーのミア・ファローが告発の背後にいるとして反論し、映画界はどちらの言い分を支持するかをめぐって二分された。ディランは何度か訴えを繰り返し、二〇一八年にははじめてTVのインタビューに答え、事件について語った。ちなみにアレンはミアとの破局後、養女のひとりだったスン＝イー・プレヴィンと結婚している。

▼8――ミュンヒハウゼン男爵は、十八世紀ドイツの実在の人物に基づく物語『ほら吹き男爵物語』の主人公。合衆国大統領リチャード・ニクソンは、一九七二年からのウォータゲート事件において、再選に向けた選挙期間中に起きた民主党本部ビルの盗聴、その後の捜査妨害に関与したことを否定したが、のちにその証言に矛盾しうる大統領執務室中の会話を録音したテープの存在が発覚し、辞任に追い込まれた。

8 #女はみんなそう

物語を書き換えるフェミニストたち

それは思想のワールドカップにおける重要な試合だった。両チームは激しくボール争いをした。フェミニストのオールスター・チームは繰り返し「広範な社会問題」と書かれたゴールポスト越しにボールを蹴り込もうとし、メインストリームのメディアと男たちで構成されるもう一方のチームは、「ほかの出来事とは無関係」のネットを揺らそうとがんばった。ボールをネットに寄せつけまいとして、メインストリームのゴールキーパーは何度となく「精神疾患」と叫んだ。言うまでもなくそのボールとは、カリフォルニア州アイラ・ビスタの学生による大量虐殺事件のことだった▼1。

　週末の間中、みな必死に犯行を意味づけしようと試みた。メインストリーム側は、犯人が精神疾患を患っていたと主張した。まるでそうすることによって問題が片づくかのように。まるで世界が正気と狂気のふたつの国に分断されていて、国境や文化を超えることなどありえないかのように。だが精神疾患は、往々にして種類ではなく程度の問題で、症状に苦しんでいる人たちの大半は優しく、共感に満ちている。そして不正や飽くなき物欲、環境破壊など多くの点において、狂気は悪意と同様に、私たちの社会の周縁にではなく、中心に存在している。

昨年出た論説の中で、T・M・ラーマンは書いている。[2] インドの統合失調症患者たちは家を掃除しろという幻聴を聞くことが多く、対して合衆国の患者たちは暴力をふるえという声が聞こえることが多いという。そこには文化がかかわっているのだ。また友人の、狂気と暴力に通じている刑事被告人捜査官はこう言う。「現実との接点をなくしはじめた人間の脳は、何であれ自分が属している文化の病と言えるものに、強迫的、妄想的にしがみつこうとする」。

アイラ・ビスタ事件の犯人も、まるで我々その他大勢とは完全に異質の人間だと強調するかのように、繰り返し「異常者」と呼ばれていた。しかし同種の暴力は私たちのまわりにいくつも存在している。特に顕著なのは、感染症のように広がる女性への嫌悪と暴力だ。

究極的には、ひとりの男の無差別殺人事件の意味づけをめぐるこの闘争は、フェミニズムの歴史における重大な分岐点となるのかもしれない。フェミニズムはいままでも現在も、名づけ、定義し、発話し、話を聞いてもらうための戦いなのだから。物語戦略センター[3]の言葉を借りるなら、それは「物語バトル」なのだ。戦いに勝つか負けるかは、たいてい言葉や物語をどう用いるかで決まる。

二〇一〇年にメディア批評家のジェニファー・ポズナー[4]は、女性を憎む男が起こした大量虐殺事件について書いている。

ループしているみたいに同じような記事やブログを何度も書くのには、もうほとほと嫌気がさしてきた。でも続けなくてはならない。こうした犯罪のすべてのケースの根底にあるのは、ジェンダーに基づく暴力だからだ。書くためのモチベーションとなるこうした要因を見過ごしてしまえば、事件についての包括的かつ正確な説明を大衆に提供することはできなくなってしまうし、暴力を理解し、予兆となる証拠を認識し、この先同種の虐殺事件を食い止めるために必要な分析や文脈もないままになってしまう。

今回のアイラ・ビスタ事件の犯人は男性も女性も殺害したが、暴挙に出た目的は、ソロリティ[5]のメンバーたちを撃ち殺すことにあったらしい。性的関係を持つことができないのは女性の側の悪意に満ちたふるまいのせいだ、と犯人は当然のように考えていて、悲しいかな、特権意識と自己憐憫がないまぜになった状態で、女たちが殺されるのは身から出た錆だと思っていたのだった。

#女はみんなそう

若い犠牲者らのうちひとりの父親、リチャード・マルティネスは、全国放送で説得力を持って銃規制と、規制反対派のロビー活動に及び腰の政治家たちについて語り、こうした悲劇がなぜ起きるのかをより広い視点から語った。サンタ・バーバラ郡の公選弁護人として、マルティネスは他の同業者同様、数十年にわたって女性を対象とした暴力や、銃所持者や、精神疾患に関わるケースを担当してきた。実のところ大量殺人とかかわりがあるのは、銃や、他人に危害をおよぼす類の男性性や特権意識であり、悲惨な体験をクリシェでしか語りえないこと、感情の問題をアクション映画のようなやり方でしか解決できないことだった。そして何よりも、女性に対する憎悪。

事件のあとに起きたフェミニスト同士の対話の中で、ケイというオンライン・ネームを持つ女性（この一件の後嫌がらせを受け、恐怖感から公的な場で語ることをやめてしまった）は、事件後の土曜日に#女はみんなそう（#YESALLWOMEN）というハッシュタグをツイッター上で使いはじめた。日曜の夜には、ダムが決壊したかのように、世界中で五十万もの同じハッシュタグが現れた。あるいは本当に決壊したのかもしれない。そのフレーズは女性が直面する地獄や恐怖を描写していたし、自分たちが抑圧されているさまについて女性が語るとき、決まって男性側から返ってくる「男がみんなそうってわけじゃない（Not all men）」という言葉を特に批判したものだったからだ。

問題は、男性たちがよく言う「俺個人のせいじゃない」という言葉や、傍観者の男性が居心地悪く感じなくてもいいように、実際にそこにある遺体や被害者たちから、そして犯人自身から話題を逸らすそのやり方にあるのだ。ある女性が激高してこう言った。「何がほしいの？　女を殴ったり、レイプしたり、脅したりしてないから、ご褒美にクッキーでもくれってこと？」女性は常にレイプや殺害の危険に怯えているし、男たちの居心地のよさなんかについて語るより、そっちの方が大事なときだってある。あるいは、ジェニー・チュウという人物のこのツイート。「もちろん#男がみんな、女嫌いでレイピスト的ってわけじゃない。でもポイントはそこじゃなくて、#女はみんな、現に存在する女嫌いでレイピストの男たちを怖れているってこと」。

女たちは手厳しい批判をするのにも、なんとも粋な言い方をしてみせるものだ。男にもそういう人はいるけど、まあたいていの場合は女だ。

#女はみんなそう　フェミニズムについてツイートするたびに脅迫とか変態リプがくる。言いたいことを言うのがこわいなんておかしい。

#女はみんなそう　女性の身に起きてることに対してより、このハッシュタグに対して怒ってる男の方が多いわけだが。

#女はみんなそう　親切にしすぎれば誘ってることになり、塩対応すれば暴力をふるわれかねない。どっちにしろクソ女認定。

それはメディアにおける輝かしい瞬間だった。フェイスブックやツイッターを含むあらゆるメディアで、何百万もの人々の果てしない対話が展開されたのだ。フェイスブックやツイッターが、率直に語る女性たちに対するレイプ予告や殺害予告がたびたび起きる場であることを考えれば、その重要性はいっそう明らかだ。アストラ・テイラー[6]は、新しい著作『大衆のプラットフォーム』において、言論の自由のレトリックがヘイトスピーチ、つまり、それ自体他者から言論の自由を奪い、沈黙に陥れるためのものであるような言葉を擁護するために使われているさまについて指摘している。

現代のフェミニストの中でも最重要人物のひとりであるローリー・ペニー[7]は、こう書いている。

大量殺人が起き、デジタル世界がその意味について消化し、論じようとしていたとき、私は数日間休みをもらおうと編集者にメールを書いていたところだった。いままで経験した中でも特にひどいレイプ予告を受けて動揺し、自分の考えをまとめる時間がほしかったからだ。休みを取るかわりに、怒りと悲しみに駆られてこのブログを書いている。アイラ・ビスタ事件の被害者たちのためだけではない。新しい女性嫌悪《ミソジニー》の言語とイデオロギーが行使される中で、失われていくすべてのもののために。(中略)暴力の被害者や生きのびた者たちについて書こうとするたびに、加害者のことを思いやれと言われるのは、もうたくさんだ。

言葉は武器になる

一九六三年、ベティ・フリーダン[8]は革新的な著作、『新しい女性の創造』の中でこう書いた。「名前を持たない苦しみ、つまりアメリカの女性たちが、人間としての能力を存分に発揮する機会を奪われているという単純な事実は、どんな病気よりもこの国の女性の心身の健康を大きく損なう原因となっている」。その後の年月において、この苦しみにはいくつかの名前がついた——男性優越主義、セクシズム、女性嫌悪《ミソジニー》、不平等、そして抑圧。特効薬は「女性の解放」や「ウーマン・リブ」、そして「フェミニズム」だった。いまでは古びて聞こえるこれらの言葉も、かつては新鮮だったのだ。

フリーダンのマニフェスト以降、フェミニズムはある意味、物事を名づけることによって発展してきた。例えば「セクシュアル・ハラスメント」の語は一九七〇年代に最初に使われ、八〇年代に入ってはじめて司法制度の中で用いられた。一九八六年に最高裁において法的に定義され、一九九一年のクラレンス・トーマスの最高裁判事就任をめぐる上院の公聴会で、アニタ・ヒルのかつての上司トーマスを批判する証言が巻き起こした騒動の後、広く認知されるようになった。全員男性の尋問チームは、ヒルに対し、えらそうで高圧的な態度をとった。そして、上院議員にしろ一般人にしろ、多くの男性はなぜ上司が助平なことを言い、性的なサービスを要求したことが問題になるのか、理解できないようだった。もしくはそんな出来事が起きたこと自体、否定した。

多くの女性たちは憤慨していた。アイラ・ビスタ事件に続く週末同様、それは重要な分岐点だった。対話の風向きが変わり、状況を理解している側がしていない側をやり込め、認識を改めさせたり、新しい考え方を教えたりした。しばらくの間、「アニタ、あなたを信じるわ」のステッカーがそこら中の車に貼られていた。職場や学校でのセクシュアル・ハラスメントはかつてに比べると飛躍的に減少し、損害賠償請求をする被害者の数もぐっと増えた。その功績の一部は、ヒルの勇気ある証言と、その後の地殻変動にある。

女性の生存権を決定づけた語の多くは、近年になって生み出されたものだ。例えば「ドメスティック・バイオレンス」は、その内容に対して司法が（ぼんやりと）興味を持ち始めた頃から、「ワイフ・ビーティング」の語に取って替わった。この国ではいまもなお九秒間に一度の間隔で女性が殴られているが、一九七〇年代と八〇年代のフェミニストたちの勇敢なキャンペーンのおかげで、いまでは女性は法律に助けを求めることができるし、その助けに実効性があり、守ってもらえることだってある。そして実際にはほとんどないにしても、虐待者を刑務所送りにすることもできなくはない。一九九〇年、米国医師会ジャーナルで次の報告がなされた。「公衆衛生局の調査によれば、十五歳から四十四歳の女性の怪我の主要な原因はドメスティック・バイオレンスであり、これは、自動車事故と強盗事件と癌による死亡数を合わせた数字よりも大きい」。

私はこの事実を確かめようとして、インディアナ反ドメスティック・バイオレンス連合のウェブサイトにたどり着いた。サイトは、家庭や職場での閲覧履歴が検閲されるおそれがあると警告し、ドメスティック・バイオレンス・ホットラインの電話番号を掲載していた。情報を求めたり、自分が置かれた状況を名づけようとしたりすることで、虐待者たちによって罰せられる危険があると、女性たちは知らされるわけだ。これがまさに虐待の実情だ。

最近読んだ中でもうひとつショッキングだったのは、ネイション誌掲載のエッセイで、一九六四年にニューヨーク州クイーンズ地区で起きた悪名高いキャスリン・「キティ」・ジェノヴィーズ殺害事件についてのものだった。[9] 記事の作者ピーター・ベイカーによれば、自宅の窓から彼女のレイプと殺害の一部を目撃した数名は、見知らぬ他人のおそろしい犯行を、男が「自分の」連れの女に権力を行使していると見誤ったという。「当時多くの人間は、男が妻や恋人を殴るのはプライバシーの問題だと考えていた、というわけだ。一九六四年の時点では、男が妻をレイプするなどということは、法的に言っても不可能だったのだ」。

「知人によるレイプ」「デートレイプ」「婚姻関係におけるレイプ」といった語は、まだ生まれていなかった。

二十一世紀の言葉たち

言葉は力だ。「拷問」を「過酷尋問」と、殺された子どもたちを「付帯的損害」と言い換えるとき、意味を伝え、見たり、感じたり、思いやったりさせる言葉の力は破壊されてしまう。だが逆のこともある。意味を埋め込んだり掘り起こしたりするために、言葉の力を使うことだってできるのだ。ある現象や、感情や、状況を表現する言葉が見つからなければ、それについて話すことはできない。集まって語ることも、変化を起こすこともできない。「キャッチ22」や「モンキーレンチング」「サイバーいじめ」「九九％と残り一％」といった口語の言い回しは、世界を描写するだけでなく、つくり変えるのにも役立ってきた[10]。これは特に、声を持たない者たちに声を与え、力なき者たちに力を与えることをめざしてきたフェミニズムに当てはまることかもしれない。

私たちの時代に新たに現れたフレーズのうち、もっとも力強いもののひとつは「レイプ・カルチャー」だろう。二〇一二年暮れにインドのニューデリーやオハイオ州ステューベンヴィルで起きた性的暴行事件が主要ニュースで報道された後、この言葉は急速に広まった。その定義の中でもとりわけ強力なものを以下に引用する。

レイプ・カルチャーはレイプが頻繁に起こり、メディアや大衆文化において、女性に対する性暴力が一般化し容赦されているような環境を指す。女性嫌悪《ミソジニー》的な言語の使用や、女性の身体の物質化、性暴力の理想化を通して浸透し、女性の権利や安全を軽視する社会をつくり出す。レイプ・カルチャーはあらゆる女性に脅威を与える。ほとんどの女性や少女たちは、レイプの危険を考えて行動を制限する。レイプの恐怖に怯えながら生きている。一般的に言って、男性はそうではないだろう。多くの男性はレイプ犯ではないし、多くの女性は被害者になることはないのだが、それでもレイプは、女性全体を男性全体の隷属的な立場に置くための強力な手段として機能する。

ときに「レイプ・カルチャー」の語は、とりわけ「ラッド・カルチャー」[11]と呼ばれるものを説明するために使われてきた。ある種の若い男性たちが属する、嘲笑的で好色的なサブカルチャーだ。またあるときには「レイプ・カルチャー」は、エンタテインメントや、日々の不平等や、法の抜け穴のありように女性嫌悪《ミソジニー》の姿勢をにじませているメインストリームの文化を批判するためにも使われている。レイプが極端な事例だとか、文化一般とは無関係で、文化の価値とは相反するものだとうそぶくのをやめさせる上で、この語は役に立つ。もしもレイプが極端な事例なら、アメリカ女性の五分の一がレイプのサバイバーであるはずがない（男の場合、サバイバーは七十一人に一人だ）。女子大生の一九％が性的暴行と隣り合わせで生きているはずがないし、米軍が性暴力の氾濫に震撼することもないはずだ。「レイプ・カルチャー」の語は、文化全体に根ざした問題の本質について、語りはじめるきっかけを与えてくれるのだ。

「性的特権意識」という語は、二〇一二年のボストン大学のホッケーチームによる性的暴行を受けて広まったが、それ以前にも使われてはいた。私が最初にその言葉を耳にしたのは、二〇一三年のＢＢＣのアジアのレイプについての調査の中だった。多くのケースにおいてレイプの動機は、女性の気持ちがどうであれ、男性は女性とセックスする権利を持っているという考えにある、と調査は結論づけていた。つまりは、男の権利が女の権利を蹂躙するのだ。もしくはそもそも、女には権利などなかったことにする。支配される性、という感覚はいたるところにある。私の若い頃もそうだったが、多くの女性は、自分たちの行動や、発言や、着る服や、視線や、単に女であるという事実が男性の欲望を喚起することを教えられ、またそれを満足させなければならないと思わされている。こちらが義務を果たさなければいけないのだ。向こうが私たちに対して、権利を持っている。

感情的な、また性的な欲求が満たされない男の怒りはあまりにありふれたものだ。ある女性がしたことや、しなかったことに対価を払わせるために、別の女性をレイプしたり罰したりしてもかまわないという考えも。この春、少年からのプロムへの誘いを断った十代の女性が刺殺される事件があった。二〇一四年五月十四日には、つき合っていた男と「距離を置こうと」した四十五歳の二児の母親が殺された。アイラ・ビスタ事件が起きたのと同じ晩、カリフォルニア州の男性が、セックスを拒んだ女性を撃った。アイラ・ビスタの虐殺後、突如として「性的特権意識」の語があらゆるところから聞こえてきた。粋なセンスと怒りをもってこの言葉について語るブログやコメントや対話が溢れるように現れた。二〇一四年五月を境に、日常会話でも使われはじめた。この現象が何であるか把握し、実際に現れた場合にはねのける上で役立つ言葉なのだ。現実を変えることにも役立つだろう。言葉には力がある。

大きい犯罪、小さい犯罪

二〇一四年五月二十三日、六人の学生を殺害し、さらに多くの人間を殺めようとしたのち自殺した二十二歳の男は、不幸なのは自分ではなく他人の落ち度だと信じ込んでいた。そして、彼を拒絶したと思しき若い女性たちを罰する誓いを立てていた。実のところ以前から小さな暴力行為を繰り返しており、最後の大凶行の予兆はあったわけだ。長大で悲しい手記の中で、彼は大学の最初の週を振り返っている。

バス停にホットなブロンドの女がふたりいた。その日はまあまあいいシャツを着てたから、やつらを見て笑いかけてみた。こっちに視線を返してきたけど、にっこりなんかしてやるもんか、って感じだった。まるで俺がバカか何かみたいに、目を逸らした。ムカついたから、Uターンしてバス停に車をつけて、スターバックスのラテをぶっかけてやった。ジーンズにシミが広がっていくのを見て、意地悪な満足感でいっぱいになった。あんな風に俺を鼻であしらうなんてありえない！　侮辱しやがって！　心の中で繰り返しブチ切れまくっていた。あいつらは罰に値した。火傷するほどラテが熱くなかったのが残念だ。あの女どもは、俺に相応の注意を払い、崇めなかった罪のために、沸騰する湯の中に放り込まれて当然だ。

「ドメスティック・バイオレンス」や「マンスプレイニング」「レイプ・カルチャー」「性的特権意識」といった語は、多くの女性が日々出会う世界を再定義し、それを変えようとする道を開くための言語的ツールなのだ。

十九世紀の地質学者で調査官のクラレンス・キングと二十世紀の生物学者たちは、「断続平衡説」という言葉を用いて、生物の種において、比較的ゆっくりとして穏やかな停滞期と急激な動きが交互に起きる変化のパターンがあることを説明した。フェミニズムの歴史にも、断続平衡状態のようなものがある。私たちが生きる世界の性質についての対話が、予測もつかない出来事の影響を受けて前進するときがあるのだ。物語が変わるのは、そのときだ。

ひとりのみじめな若き殺人者ではなく、自分たちが生きる世界全体が疑問に付される中、私たちはいま、新たな機会につながるような危機を経験している。アイラ・ビスタのあの金曜に、ひとつの平衡状態が打ち破られ、地震が構造プレートの均衡状態を解き放つように、ジェンダーの領域がほんの少しだけ変動した。変動が起きたのは大量虐殺のせいではなく、何百万もの人々が巨大な対話ネットワークに集い、経験を分かち合い、意味と定義を再考し、新たな理解に達したからだった。カリフォルニア中で行われた追悼式では、人々は蠟燭をかかげた。この対話の場では、人々は闇の中で輝く言葉を、物語をかかげた。この変化は育ち、続いていき、どんどん無視できないものとなり、犠牲者たちにとっての終わることのない追悼式となるのかもしれない。

六年前、デスクに向かって腰かけて「説教したがる男たち」というエッセイを書いたとき我ながら驚いたのは、男にえらそうな態度を取られることについてのバカバカしい具体例から出発したエッセイが、レイプと殺人で終わっていたことだ。暴力や権力の行使は、ハラスメントや威嚇、脅迫、暴行、レイプや殺人といった厳密なカテゴリーに当てはまるものと考えられがちだ。だがいままでは、自分が何を言おうとしていたのかわかる。それはどんどんエスカレートしていくものなのだ。だからこそ種々の女性嫌悪《ミソジニー》を個々のカテゴリーに押しこめ、別々の事例として扱うのではなく、それがずるずると悪化してゆくさまについて語らなくてはならない。ひとつひとつの出来事を切り離してしまえば、像は断片化し、全体でなく部分しか見えなくなってしまう。

ある男が、あなたには語る権利も起きていることを定義する権利もないという信念に基づいて行動する。それはディナーの席や会議中に話を遮られるというだけのことかもしれない。あるいは黙れと言われ、口を開けば大変なことになるぞと脅されることかもしれない。あるいは語ることで殴られたり、二度と口が聞けないよう殺されたりすることかもしれない。男はあなたの夫や父親であるかもしれない。上司や編集者であるかもしれないし、会議や電車で出会った赤の他人かもしれない。会ったこともない男で、だれか別の女性に怒りを燃やしているのに、「女」というちっぽけなカテゴリーに当てはまる以上は、あなたが怒りの身代わりになっても同じことだと思っているのかもしれない。男はそこにいて、あなたには権利はないと教えてくる。

凶行の前にはしばしば脅迫がある。だからオンライン・レイプ予告や殺人予告のターゲットにされる女性たちは、ことを真剣に受け止める。そんな脅迫者を受け入れるウェブサイトや、往々にして事件を無視する警察の捜査官にとっては、どうでもいいことのようだが。女は自分のもので、自己決定権などないと思っているボーイフレンドや夫と別れたあとになって、驚くほど多くの女性たちが殺害されている。

こういう暗澹たる主題について語るときであっても、昨今のフェミニズムが示してきた力には圧倒される。アマンダ・ヘスや、ジェシカ・ヴァレンティや、ソラヤ・ケマリーや、ローリー・ペニーや、アマンダ・マーコットや、ジェニファー・ポズナーや、その他の若いフェミニストたち[12]が、ロジャーズの無差別殺人が起きた週末に迅速な行動を起こすのを見て、興奮を覚えた。そして爆発的に現れた#女はみんなそうのハッシュタグには驚くべきものがあった。思慮深さをもって語ってくれた男性たちには励まされた。さらに多くの男性たちが、男がみんなそうってわけじゃない、と傍観者になるのではなく、積極的にかかわろうとしてくれている。

かつては過激とされた考え方が、メインストリームのメディアで花開いているのがわかるはずだ。私たちの議論や、世界を見るための新しい方法がしっかりと根を下ろし、支持者を増やしているのが。私たちは二〇一二年十二月のサンディ・フック小学校事件以来、四十もの学校での銃撃事件が起こるのを見て、銃の野放し状態を擁護するのに疲れきっているのかもしれない。コントロールし、復讐することへのマッチョな幻想に報いるのにも。女性に対する憎悪にも。

ベティ・フリーダンの「名前を持たない苦しみ」に立ち返れば、いまの世界と彼女が生きた世界が本質的に異なっていることに気づくだろう。女性の権利も発言する力も、いまよりずっと少なかった世界だ。あの頃は、女性も平等であるべきだと主張するのは少数派だった。いまの主張は、私たちがこの世界において少数派であるべきはない、というもので、法律はおおむね私たちに味方してくれている。いままでもそうだったし、これからも戦いは長く、苦しく、ときには醜いものになるだろう。フェミニズムに対するバックラッシュは苛酷で、強力で、いたるところに存在している。だが勝ちを収めてはいない。世界は本質的に変化したし、これからももっと変わらなくてはならない。追悼と内省と対話に満ちたあの週末、私たちは変化を目の当たりにしたのだ。

訳注

▼1——二〇一四年五月二十三日、カリフォルニア州アイラ・ビスタのカリフォルニア州立大学サンタ・バーバラ校付近で、二十二歳のエリオット・ロジャーが学生たちを刃物や銃で襲撃した。六人を殺害し十四人を負傷させたのち、ロジャーは自殺した。犯行直

前にロジャーはYouTubeに動画をアップロードし、自分を拒絶した女性たちに復讐を誓う声明を出したほか、知人たちに長大な手記をメールで送りつけていた。犯行後、ビデオと手記はネット上で拡散された。

▼2――T・M・ラーマンことターニャ・マリー・ラーマンは文化人類学者でスタンフォード大学教授。宗教や精神医学にかかわる著書を数多く発表している。

▼3――物語戦略センター（the Center for Story-Based Strategy）はカリフォルニアベースの団体で、社会や歴史に浸透した既存の物語に対して、個人個人が別バージョンの物語を提供することによる社会変革をめざす組織。物語をベースにしたアクティビズムの促進や物語技法の各種コーチング、トレーニングを提供している。

▼4――ジェニファー・ポズナーは米国のメディア批評家。メディアにおける女性表象の論考に定評がある。

▼5――ソロリティは米国の大学の限られたメンバーだけが所属できる女子学生社交クラブ。男子学生向けのフラタニティ同様、キャンパス内にメンバー専用の寮があることが多い。

▼6――アストラ・テイラーはカナダ出身のドキュメンタリー映像作家でアクティビスト。

▼7――ローリー・ペニーはガーディアン紙などを中心に活躍する英国の作家、コラムニスト。フェミニズム関連の記事や著作が有名。

▼8――一章にも登場するベティ・フリーダンは第二波フェミニストの草分けで、産業化社会において主婦としての役割を強いられる女性の状況を論じた『新しい女性の創造』（一九六三）で一躍有名になった。一九七〇年代の日本のウーマン・リブ運動にも大きな影響を与えた。

▼9――ジェノヴィーズ事件では、被害者が犯人に刺され悲鳴を上げるのを現場近くの住民たちが聞いたり見たりしたにもかかわらず、通報しなかった。そのため被害者は一度は現場を立ち去った犯人に再び襲われ、殺害された。

▼10――「キャッチ22」は一九六二年発表のジョセフ・ヘラーの同名小説に由来し、解決不可能な不条理な状況を指す語として一般化した。「モンキーレンチング」は環境アクティビストたちによって多く用いられた、非暴力不服従やサボタージュといった人を傷つけない抵抗手段。「九九%と残りの一%」は、ウォール街を占拠せよ運動で用いられた「我々は九九%だ」に由来し、既得権を持つ少数の富裕層を批判する語。

▼11――ラッド・カルチャーは英国のサブカルチャーの一種で、ミドル・クラスの男性が伝統的にはワーキング・クラスに当てはめられてきたような男らしさを標榜し、男同士のつながりや飲酒、セックス、暴力にふけることをよしとする文化。映画『スナッチ』(二〇〇〇)や『ロック・ストック・アンド・トゥー・スモーキング・バレルズ』(一九九八)などに見て取れる。

▼12――アマンダ・ヘスはニューヨークタイムズなどに寄稿するジャーナリスト。女性のオンライン・ハラスメントに関する記事を発表している。ジェシカ・ヴァレンティは作家、ジャーナリストでブログ「フェミニスティング」の創設者のひとり。ソラヤ・ケマリーは作家、メディア批評家でウィメンズ・メディア・センター・スピーチ・プロジェクトのディレクター。アマンダ・マーコットはフェミニズムや政治について執筆するブロガー。

9 パンドラの箱と自警団

女性の権利やフェミニズムの歴史について語られるのを聞いていると、すでに最終到達点までたどり着いてしまった人物か、そこに至るだけの十分な成長ができていない人物のことを聞かされているような気になる。二〇〇〇年前後には多くの人々が、フェミニズムは失敗だったとか終わったとか言っていたと思う。一方で一九七〇年代には、「あなたの五千年間はもう終わり！」と題されたすばらしいフェミニストの展覧会があった。それは、X年間（Xには任意の数字を入れよ）にわたるあなたの支配は終わりだと、あらゆる独裁者や抑圧的な体制に対して告げるラディカルな叫びをパロディ化したものだったのだが、重要なメッセージもそこにはあった。

フェミニズムは世界中の多くの、いやほとんどの文化や、数えきれないほど多くの制度、そして地球上のほとんどの家庭に、それから私たちの頭の中――すべてが始まり、終わる場所だ――に、太古の昔からあって、広く浸透し、深く根づいているものを変えようとする試みだった。たかだか四、五十年で多くの変化があったというのは素晴らしいことだ。すべてが恒久的に、決定的に、不可逆的に変化したわけではないからといって、失敗の証拠にはならない。女性は一〇〇〇マイルもの道のりを歩いているのだ。なのに歩きはじめて二十分したところで、あと九九〇マイルも残っているじゃないか、絶対にたどり着けないよ、なんていうのは、なしだろう。

なにしろ時間がかかるのだ。大事な地点はいくつかあるけど、たくさんの人がそれぞれ自分のペースで歩いているわけだから。遅れて来た者もいれば、だれかが前に進もうするのをいちいち止めようとする者もいる。後ろに戻っていく者もいれば、進むべき方向がわからなくなっている者もいる。実人生だって同じだろう。何世代にもわたって私たちは後退し、失敗し、なおも歩み続け、再度挑戦し、道に迷い、ときには大きな跳躍をして、探していたとは気づきもしなかったなにかを見つけ、それでもなお矛盾を抱き続けるのだ。

道のイメージは適切だしわかりやすいが、変化や転移はまっすぐ筋道立ったものだという誤解も与えかねない。南アフリカとスウェーデンとパキスタンとブラジルが、一斉に足並みをそろえて進歩しているさまを描写するようなものだ。覆すことのできない変化を表現するメタファーでもうひとつ気に入っているのは、パンドラの箱だ。『アラビアンナイト』に登場するランプの精（「ジン」ともいう）でもいい。パンドラの神話が強調するのはたいてい、甕《かめ》を開けてしまう女の好奇心がいかに危険か、ということだ。そう、神々が女に与えたのは、実際は箱ではなくて甕なのだ。それを開けることで、ありとあらゆる災厄が世界に放たれる。

甕の中に残ったもの、つまりは希望が大事だとする物語もある。でもいま私を惹きつけるのは、アラビアの物語に出てくる魔神や精霊のように、パンドラが解き放ったものはランプの中には戻らないということだ。知識の木から実をとって食べたアダムとイブは、無知の状態には決して戻らない（いくつかの古代文化では、イブは私たちに真に人間らしい意識を与えた存在として称賛されている）。もう後戻りはできないのだ。一九七三年のロー対ウェイド判決において、最高裁は中絶を合法化した。別の言い方をすれば、女性が身体に対して持つプライバシー権を認め、それにより中絶を禁じることができなくなった。それによって女性が得た性と生殖に関する権利を撤廃することはできても、女性には不可譲の権利があるという考えそのものをなくすことはできないだろう。

興味深いことに、その権利を正当化するために裁判官たちが引用したのは、南北戦争後の一八六八年に、かつての奴隷たちに権利と自由を保証するために批准された合衆国憲法修正第十四条だった。つまり、反奴隷制運動の強力な担い手が女性であり、フェミニズムの色濃い影響のもとに運動が展開されたことが修正第十四条の制定につながり、さらに一世紀あまりが経って、同じ法が、特に女性に対して適用されることになったのだ。「ひな鳥はねぐらに戻る」とは、悪事を働けば報いを受けることになるといった意味だが、ときには戻ってくるひな鳥が、恵みをもたらしてくれることだってある。

箱の外側で考える[1]

甕や箱の中に戻らないものとは、思想だ。そして革命というものの大部分は、思想によって成り立っている。保守派がよくやるように、一般教書演説[2]で性と生殖に関する権利のくだりを削ることはできても、身体をコントロールする権利を持つべきでないと、大部分の女性に納得させることなどできないだろう。実際的な変化は、心と精神の変化があってはじめて生じるものだ。ときに法的、政治的、経済的、また環境の変化はこうした変化のあとに続いて起こる。もちろんだれが権力を持っているかで決まることでもあるから、常にその順だというわけではない。だからこそ、例えば世論調査に回答するアメリカ人たちは現行のものとは大きく異なる経済政策を求めるし、気候変動に関しても、多くの人々は実際の政策を決定する企業や政治家たちよりも、ラディカルな対処をとることにはるかに積極的なのだ。

だが社会的領域では、想像することは大きな力を持っている。このことをもっとも劇的に示したのは、ゲイ、レズビアン、トランスジェンダーの権利だろう。いまからたった五十年前には、厳密な意味でヘテロセクシュアルでないものはみな、犯罪者か精神を病んでいるかその両方だとみなされ、厳しく罰せられた。そんな仕打ちから守ってくれるものは何もなく、むしろ法律によって迫害や排除が認められていた。

往々にして、こうした特筆すべき変化をもたらすのは、法的措置や、法律を変えるための特定の運動だと言われている。だがそれらの背景には、ホモフォビアという無知や恐怖心や憎悪をなくすことにつながる想像力の変容があった。アメリカ人のホモフォビアは年を追うごとに減ってきていて、過去の遺物とでもいうべきものになりつつある。減退の傾向は文化の影響を受けて起こり、クローゼットという箱から出て自らのセクシュアリティについて公言したあまたのクイアの人々によって広まった。こうして書いている間にも、南カリフォルニアの高校で若いレズビアンのカップルが合同でホームカミング・クイーンに選ばれ、ニューヨークの高校ではふたりのゲイの男子学生がもっとも魅力的なカップルに選出されている。これがよくある高校の人気投票のようなものだとしても、少し前まではこんなことは絶対に起こりえなかったはずだ。

「脅威を称えて」の章でも書いたが、同じジェンダーに属するふたりの人間が結婚できるという考え自体、フェミニストたちが結婚をかつての上下関係のシステムから解き放ち、平等な人間同士の関係として再創造したからこそ可能になったのだ。さまざまな事柄が証明しているように、結婚の平等に脅威を感じる人たちは、同性カップル間の平等だけでなく、ヘテロセクシャルのカップル間の平等という考えもおそれているのだ。ひな鳥がねぐらに戻る話ではないが、解放というのはいろんな方向に伝染していくものなのだ。

女性嫌悪《ミソジニー》と同じくホモフォビアも、例えば一九七〇年に比べたらましかもしれないが、いまだにひどいものがある。自己満足に陥らずに前進を正当に評価するには繊細さを要する。希望とモチベーションを持って、来たるべき達成を見据えていなければならないのだ。全てうまくいっているとか、いまが最高だとか言ってしまっては前に進めないし、それどころかどこにも進めなくなる。どちらのアプローチにしても出口がない、あるいはあったとしても、出ていく必要がないとか出られないとか言ってしまっているようなものだ。そんなことはない。いままでだって私たちは、出口を見つけてきたのだから。

先はまだ長いが、どれほどの道のりを歩いてきたのかふり返ってみることが励みにもなる。二、三十年前にフェミニストたちが明るみに出し、断固とした処置をとるまでは、ドメスティック・バイオレンスのほとんどの事例は表立って罰せられることがなかった。いまやドメスティック・バイオレンスは警察への電話通報のかなりの割合を占めているが、たいていの場所ではきちんと制裁が下されることは少ない。それでも、夫には妻を殴る権利があるし、そうするかどうかは個人的な問題だ、なんていう考え方が近い将来戻ってくるようなことはないだろう。精霊たちはランプの中には戻らない。本当のところ、革命はこんなふうにして機能するのだ。革命とは何よりもまず、思想に基づくものなのだ。

偉大なアナーキストの思想家、デヴィッド・グレーバー[3]は、近年こう書いている。

革命とは何か？　かつて我々は知っていると思っていた。革命とは民衆が権力を掌握し、多くの場合は公正な社会という非現実的な夢に基づいて、国家の政治的、社会的、経済的なシステムを根底から変えようとすることだった。いま我々が生きている時代では、反乱軍が都市に突入してくるとか、大衆が蜂起して独裁者を倒そうとするということが実際にあっても、かつてのように革命について考えることは難しい。例えばフェミニズムの勃興のように深遠な社会変革が起こるとき、その実際の形態は、おそらく我々が考える革命とはまったく違うものとなるだろう。革命の夢が存在しないということではない。ただ現代の革命家たちは、バスティーユ襲撃の現代版のようなことをすれば革命が起こせるとはあまり考えていないのだ。いまのような時代に概して有益なのは、すでに知っている歴史に立ち戻って、こう問うてみることだ——革命とは本当に私たちが考えていたようなものだったのだろうか、と。

そうではなかった、とグレーバーは論じている。革命とは一義的には単一の政体における権力の掌握ではなく、新しい思想や制度が生まれ、その影響が広がる複数の裂け目であると。彼の言葉を借りれば、「一九一七年のロシア革命は、ソビエトの共産主義だけでなく、究極的にはニューディールとヨーロッパの福祉国家も生むことになる世界革命だったのだ」。つまり、ロシア革命は完全な失敗でしかなかったという通常の前提は、覆されうるわけだ。グレーバーは続ける。「一連の革命のうち最後のものは一九六八年の世界革命だ――ちょうど一八四八年のものと同様、それは中国からメキシコに至るまで世界中のほぼ至るところで起き、いずれの場所でも権力を掌握するには至らなかったにもかかわらず、あらゆることを変えた。それは国家の官僚主義体制に抗い、個人の解放と政治的な解放は切り離すことができないと主張する革命だった。そのもっとも恒久的な遺産は、現代のフェミニズムの誕生ということになるだろう」。

そんなわけで、猫は袋から出て、[4]精霊はランプの中には戻らず、パンドラの箱は開いたままだ。後戻りはできないのだ。それでも驚くほど多くの力が私たちを押し戻そうとするか、少なくとも止めようとする。最悪にふさぎ込んでいるときは、服従しないことで罰せられるか、恒久的な服従という罰に甘んじるか、どちらかしか女にはないのではないか、と思ってしまうこともある。思想が箱の中に戻らないとしても、女をいるべき場所に閉じ込めておくためにありえないほどの労力が費やされているのだから。少なくとも女性嫌悪者《ミソジニスト》たちは、私たち女は沈黙し、力なきままで閉じ込められているべきだと思っているのだから。

二十年以上前、スーザン・ファルーディ[5]は画期的な著作『バックラッシュ　逆襲される女たち』を発表した。この本は当時の女性のダブルバインド状況を言い当てていた。真に解放され自立していることに対して賛辞を贈られる一方、女性たちは記事や報道や本の中で罰せられ、解放されたことによってかえってみじめになったといわれた。不完全で、人生を楽しめず、負け犬で、孤独で、絶望的な存在だと。「街のニューススタンドで、テレビで、映画で、広告や診察室や学術論文で、この種の暗いメッセージがやたらと目につく」と、ファルーディは書いている。「すばらしく恵まれているはずのアメリカ女性が、どうしてこんな苦境に陥っているのだろう」。

ファルーディの出した答えのひとつは、アメリカ女性は平等を勝ち取ることにおいて、多くの人々が想像したほどの成功は得られなかったが、報道にあるほど苦しんでいたわけでもない、というものだった。報道はバックラッシュ、つまりいまなお前進し続けている女性たちを押し戻そうとする試みだったのだ。

いかに女がみじめで呪われているか教えて聞かせようとする試みは、あとを絶たない。二〇一二年末に出たN+1マガジンは、当時アトランティック誌に掲載された女性をめぐる一連のバックラッシュ記事を論評している。

淑女のみなさん聞いてください、とこれらの記事は言っているようなものだ。きわめて限られた視点から、中傷的に言わせてもらいます、と。女性の書き手がそれぞれ「現代の女性」が直面する独特のジレンマについて語り、自分の人生をケーススタディとして提示する。（中略）別々の問題について語っていても、彼女たちは共通した見解を持っている。すなわち、伝統的なジェンダーの関係は大なり小なり続いていくだろうし、真に進歩的な社会変革などというのは失われた大義だと。アトランティックは女性に、もうフェミニストのふりなどしなくていいと言っているのだ。

自警団が女性をいるべき場所に閉じ込めようと、あるいはそこに押し戻そうとしている。オンラインの世界は、まるで出る杭を打つように、目立った活動をした女性に対するレイプ予告や殺害予告で溢れかえっている。その標的はオンラインゲームに参加する女性、物議をかもしている話題について発言する女性だ。そして、英国の紙幣に女性の肖像を使おうという運動を展開した女性までもが脅迫された（彼女を脅迫した人物の多くが身柄を特定され、逮捕されたという点では、この件は例外的だった）。作家ケイトリン・モランがツイートしているように、「『なんで文句を言うの？　ブロックすれば済む話だろ？』なんていう人には教えてあげよう。荒らしが多い日には、一時間に五十件もの暴力／レイプ予告もざらだ」。

もしかしたらいま、新たな戦争が始まったばかりなのかもしれない。男女の争いではなく――両陣営に保守派の女性や進歩的な男性がいて、そんなに単純には分かれていない――性役割をめぐる戦いだ。フェミニズムと女性の前進が続けば、脅威や怒りを感じる人々が出てくるのは明らかだ。それを安直なやり方で実践したのが、レイプ予告と殺害予告なのだ。

ファルーディやN＋1の引用にあったような、女性が本質的にどんな存在で、どうなりたいと、あるいはこうはなりたくないと感じるべきなのか語って聞かせる記事というのは、これをもう少し上品にしたものにすぎない。

それに何気ないセクシズムも常に存在していて、私たちを抑えつけようとする。ウォール・ストリート・ジャーナル紙の社説は、「女性のキャリア志向」という表現を使い、父親のいない子どもの問題を母親の責任にしていた。ウェブサイト、サロンの書き手アマンダ・マーコットは語っている。「ところで「女性のキャリア志向」をグーグル検索するとたくさんの結果が上がってくるが、「男性のキャリア志向」で検索すると、グーグルは「もしかして：男性のキャリア」だとか、「もしかして：ゲイのキャリア」などと、間違いを予測してくるのだ。「キャリア志向」という、いわば賃金労働に就くことへの病的な欲求に襲われるのは女性だけだとでも言わんばかりに」。

さらにあらゆるタブロイド紙が、女性セレブリティの体型と私生活を巡視し、やれ太りすぎだ、痩せすぎだ、セクシーすぎる、セクシーさが足りない、いつまで独身でいるんだ、まだ子どもがいない、子どもを産むチャンスを失った、子どもはいるがきちんと育てていない、などと、のべつ幕なしにあら探しをしている。

その前提に常にあるのは、叩かれている人物は、偉大な女優や歌手や自由の代弁者や冒険家ではなく、妻であり母であることをめざすべきだ、という考えだ。セレブ女性たちよ、箱の中に帰れ、というわけだ（ファッション誌や女性誌も、読者も同じことを目標にすべきだとか、理想どおりの妻や母になれなくても大丈夫だとか伝えることにかなりの紙面を割いている）。

ファルーディは一九九一年のすばらしい著書を次のように締めくくる。「しかしどれほど多くのバックラッシュがあろうと、女性が完全に降伏することはなかった」。保守派たちはいまやもっぱら、後衛戦に転じている。彼らは、思ったような形ではついぞ存在しなかった世界を再構築しようとしているのだ（そんな世界が存在したとして、それはほかのすべての人々の犠牲のもとに成立していたにすぎない。私たちのほとんどは抹消され、クローゼットやキッチンや隔離された空間に押し込められ、姿も見えず声も聞こえない存在にされていたのだから）。

人口統計のおかげで、この保守派の反撃が効くことはないだろう。合衆国が、白人が多数派の国になることはもうないからだ。それに精霊はランプの中には戻らないし、クイアの人々はクローゼットには戻らないし、女性が降伏することもまたない。これは戦争だが、私たちは負けてはいない。早晩勝ちを収めることもまたないのだとしても。いくつかの戦いには勝ったし、まだ続いている戦いもあるし、よくやっている女性もいれば、苦しんでいる女性もいる。これからも面白い変化が起こり続け、ものごとがいい方向に転じることもあるだろう。

男は何を欲しているのか？[6]

女性とは永遠の主題（subject）だが、それは服従し（subjected）征服されている（subjugated）ようなもので、いってみれば属国（a subject nation）状態だ。男性が幸せかどうかとか、なぜ結婚が失敗するのかとか、いい体をしているとかしていないとか論じた記事は比較的少ない。映画スターの体型ですら、あまり話題にならない。犯罪、とりわけ暴力的な犯罪の大多数は男性によるものであり、自殺者の大多数も男性だ。アメリカ人男性の大学進学率は女性よりも低く、女性よりも現在の経済恐慌で悪影響を被っているわけだから、記事化するうえで興味深い対象になるとふつうは考えるはずだが。

将来フェミニズムという呼び名はなくなるかもしれない。そのとき私たちは男性についても、より深く問うべきだろう。フェミニズムは全人類を変えようとしてきたし、いまでもそうだ。すでに多くの男性がその試みに携わっているが、いかにフェミニズムが男性にも利益をもたらしうるのか、いかに現状が男性にも害を与えているのかについては、はるかに多くのことが検討されるべきだろう。ほとんどの暴力や脅迫や憎悪の主体が男性であること――つまりは自警団の機動隊というわけだが――についても、考えなくてはならない。そして、彼らにそうするよう仕向けている文化についても。いや、もしかするとこの問いかけは、もう始まっているのかもしれない。

二〇一二年末、ふたつのレイプ事件が世界中で大きな関心を集めた。ニューデリーにおけるジョティ・シンの集団暴行殺害事件と、被害者も加害者もティーンエイジャーだったステューベンヴィルのレイプ事件。私の記憶では、女性に対する日常的な暴行がリンチやゲイ差別やその他のヘイトクライムと同列に扱われたのは、そのときがはじめてだった。それはこの世界に蔓延する容赦できない現象の一例で、個々の事件を起訴するだけではなく、社会によっても告発されるべきものだった。レイプは常に、文化的要因によって引き起こされるパターンとしてではなく、異常犯罪者による単発的な事例として（もしくは、コントロール不可能な生物学的欲求や、被害者の行動のせいだとして）扱われてきた。

風向きは変わった。「レイプ・カルチャー」という語が広く用いられはじめた。その主張とは、個々の犯罪を生み出すのはより広い意味での文化であり、その双方が告発されなければならないし、そうすることは可能だ、というものだ。その語を最初に用いたのは一九七〇年代のフェミニストたちだったが、いくつかの証拠が示しているように、二〇一一年に性犯罪の被害者を糾弾することへの抵抗として始まったスラットウォークを通じて、一般的な表現になった。

あるトロントの警察官が大学の護身講習の場で、あばずれ《スラット》みたいな恰好をしないように、と女子学生に言った。それからまもなく、スラットウォークは国際的な現象になった。若くセクシーな服装をした女性たちが数多く参加し、公共空間を取り戻したのだった（一九八〇年代の「夜を取り戻せ《テイク・バック・ザ・ナイト》」の行進にも似ているが、ずっと口紅が濃くて露出度が高い）。若いフェミニストたちには、わくわくするような非凡さがある。知的で大胆で面白くて、権利を擁護し、自らの空間を確保し、そして対話の風向きを変えてくれる、そんな存在だ。

警察官の「あばずれ《スラット》」発言は、大学当局が女子学生に教えてきた「安全な場所に隠れろ」というメッセージを極端にしたものにすぎない。男子学生にレイプするなとは言わずに、女子にだけ、ここには行くな、あんなことはするなと言ってきたのだから。これもレイプ・カルチャーの一部なのだ。だがキャンパス内での暴行の被害者でもある女子学生たちが組織する国家規模の運動が起こって、そうした事件への大学側の対応を変えさせた。米軍内でも蔓延する性的暴行を告発する運動が起こり、こちらも規則を変更し加害者を起訴することに成功した。

新たなフェミニズムは、これまでにない形で問題を可視化している。おそらく多くの変化を経たいまだからこそできる形で。アジアにおけるレイプに関するある研究は、それがいかに蔓延しているかについて憂慮すべき結論を導き出しており、「性的特権意識」という用語を用いてなぜそんなにレイプが頻発するのか説明している。レポートの著者であるエマ・フールー博士によれば、「加害者たちは同意がなくても女性とセックスする権利があると信じている」。言いかえれば、女性には何の権利もないということだ。そういう考えは一体どこから来たのだろう。

一九八六年に作家マリー・シアーが言ったように、フェミニズムとは「女性も人間であるというラディカルな概念」なのだ。万人に受け入れられているわけではないにしても、広く浸透している。対話の風向きが変わりつつあるのは頼もしい話だし、より多くの男性がフェミニズムとかかわるようになっていることにしてもそうだ。男性の支援者たちは常に存在した。一八四八年にニューヨーク州セネカ・フォールズで女性の権利獲得をめざす最初の会議が開かれたが、そこで採択された独立宣言を模した宣言に署名した百名のうち、三十二名は男性だった。それでもなお、フェミニズムは女性の問題とみなされていた。レイシズムと同じく、女性嫌悪《ミソジニー》も被害者による告発だけでは不十分だ。賛同してくれる男性たちは、フェミニズムは男性を陥れようとする策略ではなく、私たちみなを解放する運動だと理解してくれている。

私たちはまだまだ解放されているとはいえない。競争と無慈悲さと短絡的な思考と社会的・経済的個人主義を賛美するシステムから。環境破壊と無制限の消費を確実に引き起こす、資本主義と呼ばれるシステムから。それはマチスモの最悪の形を体現し、地球上の最良のものを破壊してしまう。男性の方が適応しやすいシステムなのかもしれないが、だれの役にも立ちはしない。サパティスタの反乱[8]のように、環境や経済や先住民やその他の問題に加えてフェミニスト的な視点も備えた運動もある。これが単一の問題にとどまらないフェミニズムの未来、あるいは現在なのかもしれない。一九九四年に蜂起したサパティスタはいまだ活動を続けている。ほかにもあまたの運動が、私たちが何者で、何を欲していて、どのように生きていくのかについて再考を促している。

ラカンドンの森で開かれた二〇〇七年のサパティスタの会合《エンクエントロ》には私も出席した。中心的議題は、女性の声と権利だった。二〇〇七年末という時点を考えれば驚くべきことだが、そこで女性たちは、革命の一環として家庭や共同体で権利を得て人生がいかに変わったかについて、感動的な証言をしていた。「私たちには権利がありませんでした」と、ある女性は蜂起以前の時代について言った。また別の女性はこう言った。「一番悲しいのは、自分たちの困難について、なぜ虐待されているのかについて、私たち自身が理解できていなかったことです。だれも私たちに権利があるなんてことは、教えてくれませんでしたから」。

ここに道がある。道のりは一〇〇〇マイル続くかもしれず、女性が歩いているのは最初の一マイルめではない。あとどのくらい歩かなくてはいけないのかわからない。わかっているのは、彼女が後戻りしているのではないということ。そして道のりがどんなに厳しくても、ひとりではないのだということ。きっと数えきれない男たち、女たち、個性的なジェンダーをもつ人たちが、ともに歩いているはずだ。
これがパンドラが開けた箱、精霊が抜け出したランプだ。いまではすっかり、監獄か棺桶みたいに見える。この戦いで人々が死んでも、思想は決して死なない。

訳注

▼1――「箱の外で考える（thinking outside the box）」は、既成概念にとらわれない考え方をするという意味の表現。この章の主題であるパンドラの箱にもかけられている。

▼2――一般教書演説は、合衆国大統領が連邦議会両院の議員にむけて行う演説。国の現状についての見解を述べ、主要な政治課題について説明することが多い。

▼3――デヴィッド・グレーバーは米国生まれの文化人類学者でアナーキスト。主要著書に『負債論　貨幣と暴力の五千年』（二〇一一）がある。ここでの引用は二〇一三年のエッセイ“*A Practical Utopian Guide to the Coming Collapse*”から。

▼4――猫を袋から出す（let the cat out of the bag）は、秘密をばらすことを意味する慣用表現。

▼5――ファルーディは米国のフェミニスト、ジャーナリスト。代表作はここで言及されている『バックラッシュ』（一九九一）。

▼6――フロイトの有名な発言、「女は何を欲しているのか?」のもじり。

▼7――「夜を取り戻せ」は一九七〇年代末から米国内外で起こった、あらゆる性犯罪やドメスティック・バイオレンスに反対する運動の総称。

▼8——サパティスタはメキシコのチアパスで結成された先住民中心のゲリラ組織、サパティスタ民族解放軍の俗称。メキシコ革命で農民解放運動を率いたサパタにちなんで名づけられた。先住民差別やグローバリズムの地域への影響といった問題に取り組むほか、結成当初からフェミニスト的特色を持つことでも知られる。

謝辞

感謝したい人はたくさんいる。マリーナ・シトリンは偉大な友人かつ支援者で、「説教したがる男たち」は彼女の勧めがあって生まれたものだし、彼女の妹サム・シトリンのために書かれたものでもある。サリー・シャッツはあの奇妙なコロラドのパーティーに私を連れて行ってくれた。あれがすべてのはじまりだった。ルーシー・リパード、リンダ・コナー、メリデル・ルーベンスタイン、エレン・マンチェスター、ハーモニー・ハモンド、マリン・ウィルソン・パウエル、パム・キングフィッシャー、キャリー・ダンとメアリー・ダン、ポーリーン・エスティーブス、メイ・スティーブンスといった年上のフェミニストたちとの交流は、とても意義深く励みになった。もちろんクリスティーナ・ガーハート、スノーラ・テイラー、アストラ・テイラー、アナ・テレサ・フェルナンデス、エレーナ・アセヴェード・ダルコートほかの若いフェミニストたちとの交流も。彼女たちのジェンダー・ポリティクスについての強靭な知性は、未来に対する希望を抱かせてくれた。そしてオンラインや実人生で出会った、フェミニズムの問題に精通し、積極的に発言する多くの男性たちとの連帯も大切だった。

でもたぶん、最初に感謝すべきは母かもしれない。母は創刊当時から長年ミズ・マガジン[1]を購読していた。その後の四十年、従順と反抗のせめぎ合いの中でもがきつづけるのが常であったにしろ、雑誌は彼女の助けになったのだと思う。レディーズ・ホーム・ジャーナルやウィメンズ・サークルやその他活字であれば片っ端から熟読してきた子ども時代の私にとっては、この新しい出版物は刺激的で、家の内外の現状について再考する手立てを与えてくれそうなものだった。雑誌があっても一九七〇年代に少女であることは生易しいものではなかったけど、少なくともなぜそうなのか理解する助けにはなった。

私のフェミニズムにはいろんな段階があったけど、女性に街を歩き回る自由がないということは、十代の終わりの自分にとってゆゆしき問題だった。大都市に住みしょっちゅう暴行未遂めいた経験をしていたが、それが市民権の問題だとか、危機的な状況だとか、違法行為だとか考える人はだれもいないようだった。かわりにタクシーに乗れとか、格闘技のクラスを受講しろとか、どこに行くにも男を連れていけ（もしくは武器を持っていけ）とか、男みたいな恰好をしろとか、郊外に引っ越せとか言われるだけで。結局そのどれも実行しなかったが、その問題についてはかなり考えていた（私にとって「長すぎる戦い」は、女性と公共空間という暴力的な領域をめぐる三度目の思索だった）。

肉体労働や農作業と同じく、女性の仕事はしばしば目に見えづらく、真価を認められることが少ないものだ。でもその仕事こそが世界をつないでいるものだ。偉大なフェミニスト・アーティスト、ミエーレ・レーダーマン・ユークレスがマニフェストで使った言葉を借りるなら、それはメンテナンス・ワークなのだ。多くの文化はそんな風にして機能している。そして本やエッセイに著者として出るのは私の名前でも、よき編集者たちは静かな力を与えてくれ、ときに書くこと自体を可能にしたり、よりよいものにしてくれる。友人で協力者でもある編集者のトム・エングルハートは、二〇〇三年に自主的にエッセイを送って以来、ここ十年の私の作品の多くが世に出るきっかけをつくってくれた。トムディスパッチは同じ志を持つ人々が集まり、組織としては小さいが多くの読者に訴えかけ、自分の声が抑えつけられたり、わかりやすくするために一面的なものにさせられたりせずにすむ、天国のようなところだ。この本に掲載されたエッセイの半数以上はトムディスパッチが初出だったということが、多くを物語っている。このサイトは、私が世界に手紙を出すための郵便箱みたいなものなのだ（サイトの素晴らしい配達サービスのおかげで、よく届いているみたいだ）。

この本に掲載されたエッセイは、過去の出版物を加筆修正したものだ。「長すぎる戦い」その他トムディスパッチに最初に掲載されたエッセイは、統計や寓話や引用のソースに飛べるようリンクが貼られていた。各ソースは長々しい脚注になりそうなので書籍版では割愛したが、オンライン版では現在も見ることができる。

「説教したがる男たち」（二〇〇八）、「長すぎる戦い」（二〇一三）、「豪奢なスイートで衝突する世界」（二〇一一）、そして「パンドラの箱と自警団」（二〇一四）の初出掲載はすべてトムディスパッチとなる。

「脅威を称えて」（二〇一三）は、私がフィナンシャル・タイムズに書いた唯一の記事だ。二〇一三年五月二四日に「ほかよりも平等」というタイトルで掲載されている（https://www.ft.com/content/99659a2a-c349-11e2-9bcb-00144feab7de.html）。

「グランドマザー・スパイダー」（二〇一四）はサンフランシスコベースの文芸誌

ジズヴァ・マガジンの第百号に掲載された。

ヴァージニア・ウルフについてのエッセイ（「ウルフの闇」二〇〇九）は、もとは二〇〇九年にフォーダム大学で行われた第十九回ヴァージニア・ウルフ二国共同学会年次大会の基調講演として発表された。

訳注

▼1――ミズ・マガジンはグロリア・スタイナムをはじめとする第二派フェミニストらにより一九七一年に創刊されたフェミニズム雑誌の草分け的存在。後述のレディィーズ・ホーム・ジャーナルやウィメンズ・サークルは、料理や家事に関する記事を多く掲載するより伝統的なタイプの女性誌。

訳者あとがき

本書はRebecca Solnit, *Men Explain Things to Me*, Granta Books, 2014の全訳である。第二版でつけ加えられた二章分の翻訳を含む九章構成となっている。謝辞については、第二版と初版で異同があり、初版から補った部分がある。

レベッカ・ソルニットは多作家である。これまでに二十を超える著作を発表しているほか、ハーパーズ・マガジンや本書にも登場するトムディスパッチなど、雑誌やウェブ媒体でも精力的に執筆活動を行っている。その主題も、歴史や都市論から環境問題や災害社会論、美術批評からジェンダーと幅広い。さまざまな主題やジャンルに横断的に取り組みながらも、個々の作品にはそれぞれソルニットが生まれ育ったカリフォルニアや十代の頃滞在したヨーロッパの記憶、そして帰国後ジャーナリストとしてのキャリアを積みつつ環境問題等をめぐる社会運動に深く関与したことなど、都市から荒野に至るまでさまざまな空間を移動しつつ思索した経験が生かされている。昨年訳書が刊行された『ウォークス　歩くことの精神史』（東辻賢治郎訳、左右社）でも、歩くという行為と思考の連関をめぐる自由かつ博覧強記な論考が展開されており、多作といえども机上にとどまる人ではなく、身体感覚が書くという作業に与える影響を熟知し、思索とアクティビズムの合致を試みる、いわば体験型の作家であることが窺える。

『説教したがる男たち』の主題はフェミニズムである。特に表題にも使用された第一章は、のちにネット上で「マンスプレイニング」の流行語も生むことになった。後日談にも明らかなように、もともと作者自身がこの語を使用していたわけではないが、そうした流行語が生まれたこと自体、ブログ媒体で書かれて広く拡散していった表題作の、作者の想像をも超える爆発的な影響力を示す証拠のひとつだろう。本書と直接関連しうる作品としては、章ごとにさまざまな風景と美術作品を取り上げ、それらとジェンダーのかかわりを描いた *As Eve Said to the Serpent: On Landscape, Gender, and Art*（2003）と、昨年出版されたばかりの、本書の続編に位置づけられる *The Mother of All Questions*（2017）がある。

ソルニットの作風を一言で語るのは難しいが、本書において突出しているのは、過去に起きたばらばらの点のような出来事を線で繋いで物語へと紡いでいく歴史的想像力、ジャーナリストとしての訓練に基づく事実の力への信頼と圧倒的なリサーチ力、そして硬質な文体ながら自由な連想と詩情、乾いたユーモアを兼ね備えた表現の独自性である。冒頭の「説教したがる男たち」は、これらの特色をショーケース化したような、ソルニット作品への入り口にふさわしい章となっている。

そもそも「説教したがる男たち」現象とは何か。作者自身が明らかにしているように、多くの女性にとって、男性から自分がいくつであっても「ものを知らない娘」扱いを受け、上から目線でくどくどしく説明や説教を受ける経験は身近なものだろう。ソルニットはいわばそのような女性「あるある」、男たちからの説教を通して日々味わうプチ挫折を出発点としながら、最終的にはその挫折や徒労感、フラストレーションを、女性を対象とした暴力や殺人といった、より深刻な社会問題に接続していく。語るに落ちると思われがちな日常の小さな経験は、個々の女性が抱える個人的な問題では実はなく、もっと大きな脅威、もっと大きな危機に否応なくつながっていることを、鮮やかな連想と、ときに読む側を圧倒し、気分を悪くさせるほど凄惨な暴力の記録の羅列を通して可視化する、その書きぶりこそ本章の白眉だ。そうした記録の積み重ねは決してセンセーショナルな効果を狙ったものではない。信頼に足るデータ（「信頼」は本書のキーワードのひとつだ）と、歴史的事実の地道な検証は、知りもしないことを滔々と述べ立てる男たちの説教と、その根底にある他者をコントロールすることへの欲望——それは女性への暴力に見られる欲望と同種のものだ——に立ち向かうための力となる。

同じことは本書が持つ圧倒的なスピード感にもいえる。第一章の後日談には、もともと「説教」のネタを温めていたソルニットが、友人との会話の中で急速にアイデアをふくらませ、一晩で記事を書き上げてトムディスパッチに送り、その日のうちにオンラインで公開されたというエピソードが登場する。頭の中で書かれるのを待っている言葉をただちに具現化し、テクノロジーの力を借りて即時的に世界に伝えること。紙媒体の著作も多数ある一方で、ソルニットは今でこそ当たり前となったインターネット時代の書き方のモードを実践してきた先駆的書き手の一人だといえるし、その背景には間違いなく、歴史的かつ組織的に女性が沈黙に追いやられてきたことがあるだろう（沈黙の主題については特に第五章「グランドマザー・スパイダー」を参照されたい）。もちろん合衆国大統領みずからファクトチェックをすっ飛ばしてツイートを連投し、ソーシャルメディアがフェイクニュースであふれ返る現在、スピードをもって書かれた言葉は諸刃の剣にもなりえる。スピードをめぐるジレンマはたとえば第三章「豪奢なスイートで衝突する世界」にも表れている。ＩＭＦの専務理事だったドミニク・ストロス＝カーンによる、二〇一一年五月に起きたマンハッタンのホテルのメイドの性的暴行疑惑を扱った第三章は、疑惑の第一報後まもなく執筆された。ソルニットはグローバル組織のフランス人リーダーによるアフリカ出身のメイドの暴行疑惑に、歴史上数限りなく反復されてきたポストコロニアルな人種間、ジェンダー間の権力関係を読み取り、即座にトムディスパッチ上で記事化した。皮肉なことにこの記事の執筆後、ニューヨーク州検察はストロス＝カーンに対する起訴を取り下げ、この件に関してそれ以上解明がなされる可能性は潰えた。ソルニット自身が後日談で、ことの顚末を報告している。

即時的に書かれた著作物の価値は、ときに時間の経過とともに傷がつく可能性にさらされている。作者自身そのことは、記事の執筆を通して痛いほど理解していただろうし、正確な経過を後日談に記すという対応は適切なものだった。重要なのは、公的な結末はどうあれ最小のタイムラグで、いま起きている危機に可及的速やかに反応することの必要性だ。単に発話するだけではなくスピードをもって語り、世界とつながろうとする意志を表明することは、女性が強いられてきた沈黙に対する最大の抵抗になりえる。一端解決したことになっている世紀の性的暴行疑惑に関する章をあえて本書中に盛り込んだことの意義は、公的な決定に対する私的でささやかな、しかし真摯な異議申し立てにある。

丁寧なリサーチとスピード感をもって私たちの社会が抱えるジェンダーの危機を描写していくソルニットの執筆スタイルは、すぐれたジャーナリスティック・ライティングの一種ではあるが、本書の隠れた読みどころは、美術や文学を扱った章にあると訳者個人は考えている。原著の挿絵にも使われているアナ・テレサ・フェルナンデスの、洗濯物を干す女性を描いた不思議に魅力的な絵画に触発されて書かれた第五章「グランドマザー・スパイダー」は、美術批評からキャリアをスタートさせたソルニットの絵画を読む確かな力と、女性の消失と沈黙というキーワードにより、一見関係がなさそうに見える事象や絵画群を、鮮やかなイメージの重なりと自由な思索を通して、まさしく蜘蛛の糸のように紡ぎ、編み出していく。第六章「ウルフの闇」では、作者が深く影響を受けた英国の作家ヴァージニア・ウルフが取り上げられている。フェミニズム系文学批評では、ウルフの『自分ひとりの部屋』と、「女性が作家になるためには、年収五〇〇ポンドと鍵のかかる部屋が必要だ」という作中の一節を引くのはいわば定石のようなものだ。しかし本章の新しい点は、ウルフとフェミニズムを論じる際にそこを出発点にはしない点だろう。代わりにソルニットが打ち出すのは、闇の中を歩きさまよう作家としてのウルフ像である。『パサージュ論』やボードレールをめぐる論考でヴァルター・ベンヤミンが明らかにしたように、匿名の存在として都市空間をうごめき思索することは近代的主体の成立条件であった。だがそのような主体がたいてい男性であったということは見過ごされがちだ。黄昏時を女性が街を歩き回ることが一般的でなかった時代、自由に歩くことそのものが挑戦であった時代に、日暮れめがけて鉛筆を買いに出かけてゆくウルフの歩みはまさしく、不可知の闇に向かって踏み出すような行為だった。ソルニットは作家の闇行きの歩みをさまざまな作品群のうちに見出し、歩くことのウルフにとっての、そしてフェミニズム史にとっての意義を読み取ろうとする。その意味で本章は、百年前を生きた女性作家とみずからの歩みを重ね合わせることで、ソルニットが取り組んできた歩行の主題が新たなフェミニスト的広がりを獲得する瞬間を記録している。

二〇一四年という年は、本書と米国人作家ロクサーヌ・ゲイの『バッド・フェミニスト』（野中モモ訳、亜紀書房）、ナイジェリア人作家チママンダ・ンゴズィ・

アディーチェの『男も女もみんなフェミニストでなきゃ』(くぼたのぞみ訳、河出書房新社)が揃って刊行された、振り返ってみるとすごい年だった。ゲイとアディーチェは大学のクリエイティブ・ライティング・プログラムで教えているにしろ、厳密な意味でアカデミアではないところからこれらの著作群が湧き上がるように現れてきていることは偶然とはいえないだろう。本書でも触れられているベティ・フリーダンの『新しい女性の創造』(一九六三年)やスーザン・ファルーディの『バックラッシュ』(一九九一年)をはじめ、フェミニズムが変革や危機を迎える時代だからこそ出版され、アカデミックな層だけでなく一般読者に広く訴えかける本がある。アメリカ社会の保守化とマイノリティへのバックラッシュが顕著なここ数年もまた、そうした危機の時代のひとつだ。その流れはトランプ政権成立や、ハーヴェイ・ワインスタインによるセクシュアル・ハラスメント発覚、それに次ぐ#MeTooの氾濫後、いっそう強く感じられているはずだ。だが危機のあるところにはかならず新しく紡がれる言葉があり、そうした言葉は、男たちから不条理な説教を食う体験からよきフェミニストになりきれないリアルなジレンマまで、現代の女性たちが日々を生きる中で抱く身体感覚に支えられたものでなくてはならないのだと思う。

本書を訳すことは、この本は今紡がれるべくして紡がれた言葉でできており、一刻も早く世に出さなければいけない、という切迫感とともになされたものだった。末尾になるが本書を紹介いただき、出版まで伴走していただいた左右社の東辻浩太郎さんにあつくお礼申し上げる。

二〇一八年夏　ハーン小路恭子

レベッカ・ソルニット　Rebecca Solnit

一九六一年生まれ。作家、歴史家、アクティヴィスト。カリフォルニアに育ち、環境問題・人権・反戦などの政治運動に参加。一九八八年より文筆活動を開始する。歩くことがいかに人間の思考と文化に深く根ざしているか広大な人類史を渉猟する『ウォークス　歩くことの精神史』（*Wanderlust*, 2000）、エドワード・マイブリッジ伝*River of Shadows*（2004、全米批評家協会賞）、旅や移動をめぐる思索*A Field Guide to Getting Lost*（2005）、ハリケーン・カトリーナを取材した『災害ユートピア』（*A Paradise Built in Hell*, 2009）など、環境、土地、芸術、アメリカ史など多分野に二十を越す著作がある。美術展カタログや雑誌への寄稿も多数。

ハーン小路恭子　はーんしょうじきょうこ

米文学者。金沢大学国際基幹教育院准教授。専門分野は二十世紀以降のアメリカ文学・文化で、小説やポップカルチャーにおける危機意識と情動のはたらきに関心を持つ。

説教したがる男たち

二〇一八年九月一〇日　第一刷発行

著　者　レベッカ・ソルニット
翻　訳　ハーン小路恭子
発行者　小柳学
発行所　株式会社左右社
一五〇-〇〇〇二
東京都渋谷区渋谷二-七-六金王アジアマンション
TEL. 〇三-三四八六-六五八三　FAX. 〇三-三四八六-六五八四
http://www.sayusha.com

装　幀　松田行正＋杉本聖士
印刷所　創栄図書印刷株式会社

 ISBN978-4-86528-208-5

レベッカ・ソルニットの本

ウォークス　歩くことの精神史　本体四五〇〇円＋税

歩くことは思考と文化に深く結びついた創造力の源泉だ。現代アメリカ随一の書き手が、人類史を自在に横断し、壮大なテーマを描き切る歴史的傑作。東辻賢治郎訳